Esoterik

Herausgegeben von Gerhard Riemann

Wenn wir heute demonstrieren und auf die Straße gehen gegen Atom-
waffenversuche, gegen Tierexperimente, gegen den Einmarsch der
Sowjets in Afghanistan oder gegen die Teilung Deutschlands, so beweist
dies unser Engagement. Es beweist aber nicht unbedingt, daß wir die
Problematik dessen, worauf wir aufmerksam machen wollen, auch verstanden haben. Denn meist suchen wir die Schuld beim anderen. Wir sind
Meister der Anklage und Verurteilungen. Dabei liegt die Schuld für den
Zustand unserer Welt – also auch für die Atomwaffen und für alles,
wogegen wir heftig protestieren – in uns selbst, in jedem von uns. Der
Ostermarschierer, der die Großmächte anklagt für ihr Dominanzstreben,
der aber im Streit mit seinen Eltern oder seiner Familie lebt, hat nicht all-
zuviel erkannt. Er projiziert Schuld, und erkennt dabei nicht, daß der
eigene innere Unfriede mit beigetragen hat zu dem heutigen globalen
Szenario.
Roger Walsh hat ein immens wichtiges Buch geschrieben; denn er ver-
deutlicht uns, daß es äußerer, vor allem aber innerer Anstrengungen
bedarf, wenn wir als Menschheit überleben und nicht an unseren eigenen
Aggressionen zugrunde gehen wollen.

Roger Walsh ist Professor für Psychiatrie und Menschliches Verhalten am
College für Medizin an der Universität von Kalifornien. Er lebt in Tiburon,
Kalifornien.

W0039101

Vollständige Taschenbuchausgabe 1987
Droemersche Verlagsanstalt Th. Knaur Nachf., München
Lizenzausgabe mit freundlicher Genehmigung
des Sphinx Verlags, Basel
Aus dem Amerikanischen von Claudia Labonté und Martin Störmer
Copyright © 1985 Sphinx Verlag, Basel
Alle Rechte vorbehalten
Titel der Originalausgabe »Staying Alive«
Copyright © by Roger Walsh
Umschlaggestaltung Dieter Bonhorst, München
Druck und Bindung Ebner Ulm
Printed in Germany   5 4 3 2 1
ISBN 3-426-04155-3

Roger Walsh:
Überleben

Die psychologischen Ursachen der
globalen Bedrohungen
und Wege zu ihrer Überwindung

Inhalt

Vorwort von Seiner Heiligkeit dem Dalai Lama   8
Vorwort von Linus Pauling   9
Danksagung   11
Ein persönliches Vorwort: Mein Weg zur Betroffenheit   15

Teil 1   Der Zustand der Welt

1   Einleitung   25
2   Die globalen Bedrohungen für das Überleben und
    Wohlergehen der Menschheit   31
3   Der atomare Schatten   43

Teil 2   Der Zustand unserer Psyche

4   Die psychologischen Wurzeln unseres Dilemmas   53
5   Gedanken, Überzeugungen und Annahmen   57
6   Verstärkung und soziales Lernen   63

7 Anschauungen des Ostens 69
8 Angst und Abwehr 79
9 «Gibt es überhaupt Erwachsene?»
   Psychologische und soziale Unreife 89

Teil 3   Wie heilt man einen Planeten?

10 Globale Therapie 91
11 Überzeugungen und Erziehung 95
12 Anregungen durch die Verhaltensveränderung:
   Verstärker und die Rolle der Medien 107
13 Abbau von Angst und Abwehrhaltungen 117
14 Eine Neuinterpretation der Motivation 121
15 Die Erkenntnis des uns allen gemeinsamen Selbst 125

Teil 4   Leben am Rande des Abgrunds

16 Die psychologischen Auswirkungen der Bedrohung
   für das Überleben der Menschheit 131
17 Eine evolutionäre Perspektive 139
18 «Was kann ich tun?» 147

Dieses Buch ist gewidmet

All denen, die hungern und keine Nahrung haben.
All denen, die dürsten und kein Wasser haben.
All denen, die krank sind und keine Medizin haben.
All denen, die frieren und keine Kleidung oder Unterkunft haben.
All denen, die sich nach Wissen sehnen und keine Bildung haben.
All denen, die unterdrückt sind und sich nach Freiheit sehnen.
All denen, die aus Unwissenheit und Angst Leid verursachen.
All denen, die leiden und denen nicht geholfen wird.
Und euch allen, die ihr helfen wollt.

Vorwort

Meinem Gefühl nach ist die gegenwärtige Krise, in der sich die Welt befindet, eine sehr reale Krise, die die gesamte Menschheit betrifft. Das Überleben der Zivilisation steht dabei auf dem Spiel. Folglich kann man gar nicht genug betonen, wie wichtig es ist, sich für mehr Harmonie und Verständnis unter den Völkern einzusetzen und überall in der Welt ein tieferes Bewusstsein für die dringende Notwendigkeit des Friedens zu erwecken.

Ich freue mich deshalb über das Buch *Über-Leben,* weil ich jedes Bemühen um mehr Frieden in der Welt stets von ganzem Herzen willkommen heisse. Der Beitrag, den jeder einzelne zum Weltfrieden leistet, ist von entscheidender Bedeutung. Nur wenn wir durch Unternehmungen wie dieses Buch im Bewusstsein von immer mehr Menschen ein Interesse für den Frieden wecken können, werden wir die Veränderung der Einstellung erreichen, die für den Frieden so nötig ist.

Seine Heiligkeit der Dalai Lama
Dharamsala

Vorwort

Roger Walsh hat mit seinem Buch *Über-Leben – Die psychologischen Ursachen der globalen Bedrohungen und Wege zu ihrer Überwindung* einen wertvollen Beitrag zu den Bemühungen um eine Verbesserung der Welt geleistet. Jeder nachdenkliche Leser dieses Buches wird feststellen, dass es sein Leben irgendwie verändert hat.

Wir befinden uns in einer Epoche der menschlichen Geschichte, in der die Welt vor grossen Problemen steht. Roger Walsh macht deutlich, dass die Probleme, mit denen wir es zu tun haben, zum erstenmal solche sind, die wir selbst geschaffen haben. Dazu gehören Probleme der Bevölkerungsexplosion, der Unterernährung und andere globale Bedrohungen für das menschliche Überleben und Wohlergehen, und schliesslich, als das grösste von allen, die mögliche Vernichtung der Zivilisation durch einen Atomkrieg. Es wäre sehr wohl möglich, die globalen Bedrohungen in den Griff zu bekommen, wenn die grossen Nationen zusammen mit den kleineren Nationen bereit wären, gemeinsam an ihrer Überwindung zu arbeiten. So lange jedoch die gegenwärtige Politik der Kontrontation zwischen den Vereinigten Staaten und der Sowjetunion andauert, und so lange noch ein grosser Teil des Reichtums der Welt für den Militarismus verschwendet wird, ist es unmöglich, diese Probleme zu lösen.

Roger Walsh zeigt, dass das Schicksal der Welt von unserem Denken abhängen kann. Ein Aspekt unseres Denkens besteht darin, dass viele von uns nicht erkennen, dass die Menschen in der Sowjetunion, die sehr viel mehr Erfahrung mit dem Krieg haben als die Menschen in den Vereinigten Staaten, sehr viel mehr Angst vor einem Krieg haben. Darüber hinaus trägt die Sowjetunion wirtschaftlich viel schwerer an der Bürde des Militarismus, da das Militärbudget der Sowjetunion fast genauso hoch ist wie das der Vereinigten Staaten, obwohl ihr Bruttosozialprodukt nur halb so gross ist wie das der USA. Weil wir wissen, dass der Kalte Krieg die Sowjetunion viel stärker belastet als die Vereinigten Staaten, steigern wir unser Militärbudget immer weiter. Es ist geplant, in den nächsten fünf Jahren insgesamt 1,9 Billionen Dollar dafür auszugeben.

Ein anderer Aspekt unseres Denkens ist, dass wir uns von unserer Regierung haben irreführen lassen, die sich eine Serie von falschen Alarmen (das «Raketenloch», das «Fenster der Verwundbarkeit») zunutze gemacht hat, um das amerikanische Volk für die Unterstützung der Politik der Konfrontation zu gewinnen.

Dieses Buch kann uns zu der Einsicht verhelfen, dass unsere eigene Zukunft und die Zukunft der Menschheit von unserer Bereitschaft und Fähigkeit abhängen, zusammenzuarbeiten und in einer weltweiten gemeinsamen Anstrengung die grossen Probleme der Welt anzugehen.

Linus Pauling
Palo Alto, Kalifornien

Danksagung

Ich möchte allen danken, die mir mit Ermutigung, Anregung und Rückmeldung geholfen haben. Dazu gehören insbesondere William Andrew, Bill Bridges, Elizabeth Campbell, Leslie Clark, Arthur Deikman, Duane Elgin, Dan Ellsberg, Pat Ellsberg, Gordon Globus, Edgar Heim, Gary Lapid, John Levy, Rollo May, Fred McGuire, Don Michaels, Alan Nelson, John O'Neil, Ruth Reynolds, Ken Ring, Tom Roberts, Vic Gioschia, Guy de Mallac, und vor allem Frances Vaughan.

Viele andere haben auf alle möglichen Arten geholfen. Sonja Hays hat trotz enormen Zeitdrucks die Schreib- und Verwaltungsarbeiten hervorragend bewältigt. Jennifer Birkett half mir über etliche Blockierungen hinweg.

Die Mitarbeiter von New Science Library und Shambhala Publications, insbesondere Emily Hilburn, meine Herausgeberin, und Sally Furgeson waren zu jeder Zeit ausserordentlich freundlich und hilfsbereit. Mein besonderer Dank gilt Samuel Bercholz, dem Hauptherausgeber von Shambhala, dafür, dass er dieses Buch übernommen und es mit allen ihm zur Verfügung stehenden Mitteln unterstützt hat.

Und schliesslich war ich sehr froh, dass Ken Wilber, der mir seit langem ein lieber Freund und eine Quelle der Inspiration ist, in seiner Funktion als Hauptherausgeber der New Science Library auch mein Herausgeber wurde. Ich möchte all diesen Menschen und noch vielen anderen meinen Dank aussprechen für ihre Hilfe und Mitarbeit bei diesem wichtigen Buch.

Das Gesundheitsproblem Nummer eins dieses Planeten ist ohne Zweifel unser nacktes Überleben als Gattung.
Richard Barnet

Nur wenn wir unser Verhalten verstehen, können wir hoffen, es so in den Griff zu bekommen, dass das Überleben der menschlichen Rasse gewährleistet ist.
Senator William Fulbright

Ein persönliches Vorwort:
Mein Weg zur Betroffenheit

Wir alle können uns an Erfahrungen erinnern, die uns tief bewegt und das scheinbar sichere Fundament unseres Lebens erschüttert haben, Erfahrungen, die uns gezwungen haben zu erkennen, wie wir der Wahrheit aus dem Weg gegangen sind, und die uns unmissverständlich klargemacht haben, dass wir so nicht weitermachen können. Für mich kam solch ein Wendepunkt 1981 während einer Asienreise.

Ich hatte vor, für mehrere Monate nach Thailand und Burma zu reisen. Obwohl ich genügend Zeit hatte, vorher noch einen Abstecher nach Indien zu machen, entschied ich mich dagegen. Man hatte mir gesagt, dass ich während meines Aufenthalts dort sehr wahrscheinlich krank werden würde und dann vielleicht nicht mehr in der Lage wäre, rechtzeitig nach Burma zu fahren. Das hört sich eigentlich recht vernünftig an, aber überlegen wir uns einmal, was das wirklich bedeutet! Ich war nicht bereit, ein Land zu besuchen, in dem etwa 600 Millionen Menschen leben, weil ich Angst davor hatte, mich auch nur für kurze Zeit den Bedingungen auszusetzen, die diese Menschen von ihrer Geburt bis zu ihrem Tod ertragen müssen.

Aber auch in Burma und Thailand begegnete mir sehr viel Leid. Bilder vermeidbarer Armut und Krankheit waren allgegenwärtig. Wenn ich eine Stunde an einer Strassenecke stand, erfuhr ich mehr über Krankheiten wie Lepra, angeborene Missbildungen und Rückenmarkstuberkulose, als ich an der medizinischen Fakultät gelernt hatte. In einigen Fällen konnte ich Krankheiten nur diagnostizieren, indem ich mich an alte medizinische Lehrbücher erinnerte, da diese Krankheiten im Westen seit langem ausgerottet sind. Das Tragische war, dass man diese Krankheiten hätte behandeln können, wenn es eine ausreichende medizinische Versorgung gegeben hätte. Doch hier gab es sie nicht.

Allein die Menge der Menschen war überall überwältigend. Einen Bus in Rangun zu ergattern, bedeutete manchmal, sich an der Seite des Busses anzuklammern, während dieser durch überfüllte Strassen und durch eine Kakophonie von lärmenden Geräuschen raste.

Dies war meine Einführung in Asien und mein erster Eindruck von den Bedingungen, unter denen der grösste Teil der Weltbevölkerung lebt. Natürlich fand ich auch sehr viel Freude und Liebe im Leben vieler Menschen. Aber das Ausmass vermeidbaren Leidens war erschütternd. Überbevölkerung, Armut, Unterernährung, Umweltverschmutzung, Krankheit, all das führte zu einem überwältigenden Elend.

Jeden Tag sass ich einige Zeit am Rande einer Strasse und beobachtete die Menschen, die vorbeikamen. Während ich dies tat, entstand durch die endlose Parade der Menschen und ihr allzu offensichtliches Leiden ein Gebet in mir, die inständige Bitte, dass es mir gelingen möge, mein Leben sinnvoller zu nutzen, und ihnen und den ungezählten Millionen, denen es genauso geht, zu helfen.

«Wie hatte ich nur so teilnahmslos sein können?» fragte ich mich. Warum hatte ich die Bedingungen, unter denen der grösste Teil der Weltbevölkerung lebt, nicht richtig eingeschätzt? Ich war eigentlich immer der Meinung gewesen, über diese Dinge relativ gut informiert zu sein. Aber ich musste die Erfahrung machen, dass zwischen einem vagen intellektuellen Verständnis der Probleme der Welt und ihrem direkten Erleben ein gewaltiger Unterschied besteht.

Nach zwei Monaten kehrte ich in die Vereinigten Staaten zurück und erlebte noch einmal einen Kulturschock. Eine gewisse Fremdheit hatte ich erwartet. Jenes Gefühl der Unwirklichkeit aber, das ich in der Geschäftigkeit des alltäglichen Lebens empfand, und die Erfahrung, dass es mir unendlich schwerfiel, mich daran zu erinnern, wie das Leben für Menschen in anderen Teilen der Welt aussieht, trafen mich jedoch ziemlich unvorbereitet. So viele Aktivitäten schienen geradezu den Zweck zu haben, für eine ständige Ablenkung von den tieferen und wichtigeren Belangen zu sorgen, und etwas zu pflegen, was man sehr treffend «die Beruhigung durch das Triviale» genannt hat.

Was ich allmählich anfing zu begreifen, war, dass Kulturen, und die westlichen Kulturen im Besonderen, uns aufgrund ihres grösseren Reichtums nicht nur erheben und verfeinern, sondern uns ebenso zur Zerstreuung, zur Beschäftigung mit Belanglosigkeiten und zur Verdrängung verführen können. Es ist oft die Meinung geäussert worden, dass die modernen Zivilisationen der Gegenwart wie eine grossangelegte Verschwörung gegen ein kontemplatives Leben wirken. Mir wurde damals klar, dass diese Verschwörung nicht nur philosophische oder religiöse Kontemplation betrifft, sondern genauso die Kontemplation über den Zustand dieser Welt. Nur durch aktive Willensanstrengungen war es mir möglich, mir die Lebensbedingungen der Armen der Welt im Bewusstsein zu halten, und die Einstellungen und Entscheidungen, zu denen ich durch mein Erleben dieser Bedingungen gekommen war, zu bewahren.

Ich hatte das dringende Bedürfnis, die weltweiten Probleme besser verstehen zu lernen, und fing an, mich genauer zu informieren. Je mehr ich darüber las, desto grösser wurde mein Entsetzen über das ungeheure Ausmass und die Dringlichkeit unseres Dilemmas einerseits und über meine eigene Unwissenheit andererseits. Wachsende Bevölkerung, Armut und Umweltverschmutzung, schwindende Rohstoffreserven, ein beschleunigter Rüstungswettlauf und das sich ständig verschärfende ökologische Ungleichgewicht wurden mir eindringlich bewusst.

Wie hatte es dazu kommen können, dass ich so wenig über den wahren Zustand der Welt wusste? «Wie hatte ich nur so die Augen verschliessen können?» fragte ich mich von neuem. Ich hatte doch immer geglaubt, recht gut über diese Dinge informiert zu sein. Ich merkte jetzt, dass ein himmelweiter Unterschied besteht zwischen einem vagen Bewusstsein davon, dass es Probleme gibt in der Welt, und dem präzisen Wissen, wie gefährdet die Welt tatsächlich ist.

Ich war nicht der einzige, der nicht sah. Meine Unwissenheit war offensichtlich nur ein Abbild der allgemeinen Unwissenheit in unserer Kultur. Nur sehr wenige Leute schienen eine einigermassen realistische Einschätzung von dem, was auf uns zukommt, zu haben. Schlimmer noch, nur wenige wollten es überhaupt wissen. Es erschien mir plötzlich, als wären wir alle moderne Neros, die auf zahllose – in römischen Zeiten noch nicht bekannte – Weisen herumtändeln und sich zerstreuen, während ihr Planet verseucht und geplündert wird. Ich begann zu erkennen, welche Macht die psychologischen und sozialen Faktoren haben, die dafür sorgen, dass wir unbewusst bleiben.

Wenig später, genau gesagt am Neujahrstag 1982, sah ich mir den Film *The Last Epidemic* an, in dem eine Gruppe von Physikern und anderen Wissenschaftlern eine äusserst anschauliche Beschreibung der Auswirkungen eines Atomkriegs zusammengestellt hat. Ich verliess das Kino in einem Zustand des Schocks. Ich hatte gewusst, dass ein Atomkrieg schrecklich sein würde, aber welch unvorstellbare Katastrophe er wirklich wäre, war mir nicht klar gewesen. Und wieder wirbelten mir die gleichen Fragen durch den Kopf. Wie hatte ich nur so schlafen können? Wie konnte ich die wahre Situation so verkennen? Wie hatte ich mich nur für informiert und bewusst halten können?

Aber zusätzlich zu diesen mir schon bekannten Fragen kam noch etwas Neues hinzu: Ich bedauerte, dieses Wissen zu haben, denn ich spürte, dass ich jetzt anfangen musste, an diesen akuten Problemen zu arbeiten. Ein Teil von mir wollte nicht – ich war schon zu sehr in meine alten Beschäftigungen vertieft –, aber ich wusste auch, es gab keinen Weg mehr zurück. Meine Öffnung für dieses Wissen und meine Erfahrung mit der ungeschminkten Realität dieser Welt machten eine Reaktion erforderlich. Fast ein wenig widerwillig begann ich, darüber nachzudenken, was ich tun könnte. Während sich mein Verständnis vertiefte, kristallisierte sich langsam, ganz langsam eine Dimension für mich heraus, die bisher kaum beachtet worden war und auf der ich möglicherweise einen nützlichen Beitrag würde leisten können.

Denn je mehr ich über unsere gegenwärtigen Krisen nachdachte, desto deutlicher wurde mir bewusst, dass sie alle durch den Menschen verursacht sind. Und im gleichen Ausmass, wie ich sie als vom Menschen verursacht erkannte, musste ich ihre Ursachen auch im menschlichen Verhalten und in den psychologischen Faktoren – den Trieben, Abwehrmechanismen, Ängsten und Phantasien – suchen, die dieses Verhalten motivieren. Mit anderen Worten, die Wurzeln unseres Dilemmas sind weitgehend psychologischer Natur. Man könnte die Probleme daher auch als Symptome ansehen: globale Symptome unserer kollektiven psychologischen Störung.

Wenn wir diese psychologischen Wurzeln besser verstehen würden, dann könnten wir vielleicht auch herausfinden, nach welchen Prinzipien wirksame Veränderungen möglich wären. Die Definition, die mir am besten gefällt, beschreibt eine Handlung dann als wirksam, wenn sie Leiden vermindert und das Wohlergehen fördert, und zwar für alle Menschen, einschliesslich uns selbst. Die Psychologie kann uns also vielleicht Einsichten vermitteln, die sowohl neu als auch wirksam sind.

Dennoch scheinen psychologische Ursachen und Prinzipien sehr selten erkannt zu werden. Fast alle Diskussionen konzentrieren sich auf ökonomische, politische oder militärische Faktoren, ohne die ihnen zugrundeliegenden psychologischen Faktoren zu berücksichtigen. Man sieht die Probleme einzig und allein im «Aussen» begründet, statt im «Aussen» *und* im «Innen». Die tieferliegende Quelle sowohl der Probleme als auch der Lösungen – nämlich unsere Psyche – wird meistens übersehen. Sehr viel Ärger, Beschuldigungen und Angriffe werden daher nach aussen auf die Welt gerichtet, wodurch oftmals gerade die Emotionen angeheizt werden, die die Probleme ursprünglich verursacht haben. Mit anderen Worten, die Unfähigkeit, die psychologischen Wurzeln unserer Weltsituation zu erkennen, schien mir die Tiefe und Wirksamkeit unseres Handelns zu reduzieren, bzw. es sogar in eine schädliche Richtung umzukehren.

Hier hatte ich also einen Ansatzpunkt für einen nützlichen Beitrag gefunden. Denn wenn man die zentrale Bedeutung psychologischer Faktoren aufzeigen und eine psychologische Analyse der Bedrohungen für das Überleben der Menschheit entwickeln könnte, dann könnte man vielleicht eine Psychologie des menschlichen Überlebens schaffen. Vielleicht war eine globale Psychologie, deren Ziel das menschliche Überleben ist, eine strategisch bedeutsame Idee, deren Zeit gekommen war. Eine kleine, aber wachsende Zahl der im psychologischen Bereich Tätigen schien schon in diese Richtung zu denken, und vielleicht konnte ich daran mitwirken.

Als erstes nahm ich mir vor, einige Vorträge zu halten und zu sehen, wie die Leute darauf reagierten. Ich bereitete also einen Text vor, der einen Überblick über die Weltsituation gab, und der einige Beispiele für praktisch anwendbare Einsichten aus mehreren Schulen der Psychologie enthielt. Es erschien mir wichtig, mehrere Schulen miteinzubeziehen, um Engstirnigkeit zu vermeiden und deutlich zu machen, dass wir verschiedene Ansätze brauchen. Tatsächlich benötigen wir jede Hilfe, die wir bekommen können. Ausserdem erschien es mir wichtig, mich auf Einsichten zu konzentrieren, mit denen ein praktischer Nutzen für die Welt gewonnen werden könnte, statt auf solche, die man nur ihrer theoretischen Klarheit wegen bewundern könnte. Man hat gesagt, dass «die Philosophie die Welt so lässt, wie sie ist». Das mag wahr sein oder nicht, jedenfalls ergibt es keinen Sinn, eine Psychologie des menschlichen Überlebens zu schaffen, die die Welt so lässt, wie sie ist, ganz besonders nicht, da das bedeuten könnte, dass es bald keine Welt und keine Psychologie mehr gibt. Pragmatismus ist eine Notwendigkeit geworden.

Zunächst sprach ich vor Berufskollegen und war erfreut über die meist positiven Reaktionen, die ich erlebte. Die meisten Leute waren aufgerüttelt, wenn sie die Wahrheit über unsere Situation erfuhren, und einige fingen an, eine aktive Rolle zu übernehmen. Zumindestens Angehörigen psychologischer Berufe schien die Idee einer Psychologie des menschlichen Überlebens einzuleuchten. Jeder Vortrag erneuerte in mir das Gefühl für die Dringlichkeit, aber auch für die bemerkenswerten Möglichkeiten unserer Weltsituation, so dass diese Abende also für mindestens einen von uns immer hilfreich waren. Durch diese ständige Erneuerung wurde ich tiefer und tiefer in die Probleme hineingezogen.

Dabei wurde mir immer deutlicher, dass die vor uns liegende Aufgabe zwei Seiten hat. Die eine ist die Arbeit daran, das Leiden in der Welt zu lindern. Die andere ist die Arbeit an den psychologischen Ursachen dieses Leidens, mit der wir zuerst bei uns selbst beginnen müssen. Die Aufgabe besteht also nicht nur darin, etwas beizusteuern, sondern auch in diesem Prozess zu lernen und zu wachsen.

Je mehr ich mich engagierte, desto stärker wurde der Wunsch in mir, über die Psychologie des menschlichen Überlebens zu schreiben. Wenn ich mir vorstellte, was eine solche Psychologie zu leisten vermochte, fühlte ich mich inspiriert und war begeistert von dieser wichtigen und sinnvollen Aufgabe. Ausserdem brannte ich darauf zu sehen, ob andere Menschen auf die Gedanken, die sich während der letzten zwei Jahre in meinem Kopf angesammelt hatten, reagieren würden.

Andererseits aber sträubte ich mich dagegen, noch eine Aufgabe zu übernehmen. Das Buch, an dem ich gerade arbeitete, war schon überfällig, und die Vorstellung, noch ein weiteres Buch anzufangen, liess mir die Haare zu Berge stehen. In dieser Situation machte man mir den Vorschlag, einen Co-Autoren zu suchen, der die meiste Schreibarbeit leisten könnte, während ich einen groben Abriss der Gedanken liefern sollte.

Wie es das Schicksal will, bot mir fast unmittelbar darauf jemand seine Hilfe an: eine sehr intelligente, kompetente und psychologisch erfahrene Studentin, die sich ihren Lebensunterhalt als professionelle Schriftstellerin verdiente. Sie konnte und wollte die Aufgabe übernehmen und machte sich sogleich auf den Weg in die Bibliothek, um sich ein wenig Hintergrundwissen anzulesen. Nach einer Woche rief sie mich an, um abzusagen. Sie sagte, es wäre zuviel für sie. Je mehr sie läse, desto ängstlicher fühle sie sich und desto weniger könne sie schlafen. Ich konnte sie gut verstehen, und wir trennten uns.

Aber die Probleme nagten weiter an mir, und schliesslich wurden sie so dringend, dass ich sie nicht länger ignorieren konnte. Ich legte meine anderen Arbeiten beiseite und begann zu schreiben. Ich hatte das Gefühl, dass es eine wirklich wichtige Veränderung bewirken würde, wenn mehr Menschen die psychologischen Wurzeln unserer gegenwärtigen Situation erkennen würden. Wie anders würde sich die Sprache des Kalten Krieges anhören, wenn die dahinterliegende Angst und Paranoia erkannt würde; als wie unnötig und geradezu schädlich würden sich viele Aspekte unseres gegenwärtigen Lebensstils erweisen; wieviel könnten wir über uns selbst lernen und wie sehr könnten wir selbst und unser Planet davon profitieren, wenn wir den Ursprung unserer Probleme und unserer Lösungsmöglichkeiten dort suchen würden, wo er wirklich ist: in uns selbst. Dies waren meine Hoffnungen, als ich anfing zu schreiben.

Teil 1
Der Zustand der Welt

1 Einleitung

Es ist kein Geheimnis, dass wir in unserer Geschichte einen kritischen Zeitpunkt erreicht haben, einen Zeitpunkt, der für das Schicksal unseres Planeten und unserer Gattung entscheidend sein kann.

Es ist eine Zeit der Widersprüche. Auf Schritt und Tritt begegnen uns Zeichen für den Geist und den Erfindungsreichtum des Menschen, aber ebenso auch für Unwissenheit und Dummheit. Auf der einen Seite besitzen wir wissenschaftliche, medizinische und psychologische Hilfsmittel, von denen man vor einigen Jahrzehnten noch nicht zu träumen wagte. Wir sind zum Mond geflogen, haben die komplizierten Funktionen des Gehirns erforscht und Raumsonden zu den entferntesten Winkeln des Sonnensystems geschickt. Auf der anderen Seite sterben Millionen Menschen an Hunger, unser ökologisches System ist in Gefahr, und Atomwaffen drohen die Menschheit zu vernichten. Mit einem Wort, wir besitzen noch nie dagewesene Möglichkeiten, sehen uns aber auch noch nie dagewesenen Bedrohungen ausgesetzt.

Es überrascht nicht, dass diese Zeit der Widersprüche viele verschiedene Interpretationen hervorgerufen hat. Einige Menschen konzentrieren sich auf die positiven Aspekte und sagen eine Ära beschleunigter Entwicklung und wachsenden Wohlergehens voraus.[1] Andere erschrecken vor dem Ausmass unserer Probleme und sagen eine weltweite Katastrophe voraus. Wieder andere, die sowohl die Möglichkeiten als auch die Gefahren in Betracht ziehen, sehen uns vor einer noch offenen «Entwicklungskrise der Menschheit»[2], deren Ausgang in unserer Hand liegt.[3] Doch welche Perspektive man auch immer haben mag, es ist deutlich, dass die heutige Zeit vor Gefahren, Problemen, Möglichkeiten und Entscheidungen steht, wie es sie in dieser Art, diesem Ausmass und dieser Komplexität niemals zuvor in der Geschichte des Menschen gegeben hat.

Mehr noch, zum erstenmal in den Millionen von Jahren der Evolution sind alle wesentlichen Bedrohungen für unser Überleben durch den Menschen verursacht. Probleme wie z. B. Atomwaffen, Umweltverschmutzung und ökologisches Ungleichgewicht entstehen direkt aus unserem eigenen Verhalten und können deshalb auf psychologische Ursprünge zurückgeführt werden. Das heisst, dass die gegenwärtigen Bedrohungen für das Überleben und Wohlergehen der Menschheit eigentlich *Symptome* sind, Symptome unseres individuellen und kollektiven Geisteszustands. Der Zustand der Welt ist daher ein Produkt und ein Ausdruck unserer Psyche, und in unserer Psyche müssen wir nach Lösungen suchen. Damit soll natürlich nicht die Wichtigkeit der sozialen, politischen und ökonomischen Faktoren geleugnet werden, sondern lediglich die Bedeutung der diesen zugrundeliegenden psychologischen Ursachen hervorgehoben werden.

Es ist jedoch erstaunlich, wie wenig diese scheinbar offensichtlichen psychologischen Faktoren berücksichtigt werden. Zwar entschliessen sich erfreulicherweise immer mehr Menschen dafür, etwas gegen die weltweiten Gefahren zu tun, doch leider handeln die meisten von ihnen ohne jede Einsicht in die psychologischen Ursachen. Dies bedeutet, dass die meisten Interventionen nur die Symptome und nicht die Symptome *und* die Ursachen behandeln. Leider führen diese Bemühungen dann oft nur zu einer Unterdrückung der Symptome statt zu einer wirklichen Heilung, da die zugrundeliegenden Ursachen im wesentlichen unverändert bleiben.

Eine damit vergleichbare Situation wäre vielleicht, wenn ein Therapeut nur die Symptome und die Störungen, die von einem psychologischen Problem ausgehen, behandeln würde. Nehmen wir einmal an, ein Jugendlicher, der sich in einer Entwicklungskrise mit allen daraus entstehenden Unsicherheiten und Abwehrhaltungen befindet, wird aggressiv und fängt an, andere anzugreifen. Wenn sich der Therapeut nur mit den blauen Flecken der Leute beschäftigen würde, würde die Situation wahrscheinlich immer wiederkehren. Auch wenn der Jugendliche bestraft oder eingesperrt würde, bliebe die eigentliche Ursache unbehandelt und würde sich vielleicht sogar verschlimmern. Auch wenn die Aggressionen und die von ihnen ausgehenden Störungen vielleicht zeitweilig unterdrückt wären, würden sie doch wahrscheinlich früher oder später wieder aufflammen. Nur eine Therapie, die versucht, die zugrundeliegenden Entwicklungsprobleme zu lösen, könnte eine wirkliche Heilung bringen. Die gleichen Prinzipien gelten auch auf der globalen Ebene. Wenn sich z. B. die Bemühungen, das Problem der Atomwaffen in den Griff zu bekommen, nur darauf konzentrieren, ein Gleichgewicht der Arsenale herzustellen, bleiben die zugrundeliegenden psychologischen Faktoren, die den Rüstungswettlauf anheizen, unberührt.

Daher ist für eine Heilung oder zumindest für eine erkennbare langfristige Milderung der globalen Krisen mehr als eine symptomatische Behandlung erforderlich. Diese Aufgabe erfordert nicht nur Nahrung für die Hungernden und eine Reduzierung der atomaren Waffenarsenale, sondern auch psychologische Einsichten und Beiträge. Diese Einsichten zu entwickeln, ist wohl eine der dringlichsten Aufgaben, die sich unserer Generation stellen, und bestimmend für das Schicksal aller zukünftigen Generationen.

Doch ist es, gemessen an ihrer Bedeutung, erstaunlich, wie wenig Aufmerksamkeit man diesen psychologischen Faktoren selbst von seiten der im psychologischen Bereich Tätigen entgegenbringt. Natürlich hat es auch immer löbliche Ausnahmen gegeben, besonders in bezug auf Krieg und internationale Konflikte. Albert Einstein, der sich äusserst intensiv mit dem Problem des menschlichen Überlebens beschäftigte und der den Krieg «ein primitives und unmenschliches Relikt eines barbarischen Zeitalters» nannte, war sich der Bedeutung psychologischer Faktoren sehr wohl bewusst. Vor etwa fünfzig Jahren schrieb er an Sigmund Freud: «Es wäre ein grosser Dienst an uns allen, wenn Sie das Problem des Weltfriedens im Licht Ihrer jüngsten Entdeckungen darstellen könnten, denn eine solche Darstellung könnte durchaus Wege für neue und fruchtbare Verhaltensweisen aufzeigen.»[4] Freuds Antwort war auf eine für ihn typische Weise pessimistisch: er glaube, es sei das Schicksal des Menschen, immer wieder kämpfen zu müssen. In den vergangenen Jahren hat jedoch eine wachsende Zahl von optimistischeren Psychologen begonnen, nach Antworten auf Einsteins Frage nach «neuen und fruchtbaren Verhaltensweisen» zu suchen.

Bisher waren die meisten psychologischen Untersuchungen allerdings recht fragmentarisch. Meistens konzentrieren sie sich auf einzelne Probleme – am häufigsten auf die Atomwaffen – und beleuchten sie aus nur einer Perspektive – etwa aus psychoanalytischer Sicht. Diese Untersuchungen leisten zwar nützliche Beiträge, doch wenn wir mit globalen Problemen und deren psychologischen Ursachen fertig werden wollen, brauchen wir auch eine globale Psychologie. Diese zu entwickeln, ist das Anliegen dieses Buches.

Es möchte daher zum einen einen Überblick über die Bedrohungen geben, zum anderen einen Rahmen schaffen, mit dessen Hilfe wir diese verstehen können.

Ich hatte mir beim Schreiben dieses Buches mehrere Ziele gesetzt, die meiner Meinung nach für eine psychologische Beschäftigung mit dem Überleben der Menschheit von entscheidender Bedeutung sind:

1. möchte ich davon überzeugen, dass es möglich ist, eine globale Psychologie des menschlichen Überlebens zu entwickeln, die nicht nur eine langweilige theoretische Abstraktion, sondern ein praktisch anwendbares Instrument ist;

2. möchte ich einen knappen Überblick über unsere gegenwärtigen weltweiten Probleme geben, damit jeder weiss, was auf uns zukommt;

3. möchte ich dafür plädieren, die Ursachen für unsere globalen Probleme nicht ausschliesslich im «Aussen», in der Welt und bei anderen Leuten zu suchen, sondern im «Aussen» *und* im «Innen», also auch in uns selbst;

4. möchte ich die Menschen mobilisieren und ihnen Kraft geben. Ich hoffe, dass die Menschen, wenn sie sich der Tatsachen erst einmal bewusst geworden sind, bereit sein werden zu handeln, und dass dieses Handeln effektiver sein wird, weil es auf einem tieferen Verständnis beruht;

5. möchte ich dabei mithelfen, dass wir unsere gegenwärtige Krise zu einem beschleunigten Lernen und Wachstum nutzen, ähnlich wie es beim Judo angestrebt wird. Es ist ein Hauptanliegen dieses Buches zu zeigen, dass man unsere gegenwärtige Krise, wie alle Schwierigkeiten,

auch als eine Gelegenheit sehen kann; eine Gelegenheit, die uns zwingt, sehr schnell zu reifen, als Individuen und als Kultur;

6. möchte ich zeigen, dass jeder einzelne von uns und jede Schule der Psychologie einen für das Überleben der Menschheit wichtigen Beitrag leisten kann;

7. möchte ich Gedanken entwickeln, die die Menschen anwenden, überprüfen, erweitern und verbessern können, damit eine ständig wachsende und sich entwickelnde globale Psychologie geschaffen wird.

Dies sind also die Ergebnisse, die ich hoffe, mit diesem Buch erreichen zu können. Auf dem Hintergrund dieser Ziele habe ich den Text in die folgenden vier Hauptteile unterteilt:

1. Welches sind die gegenwärtigen globalen Bedrohungen?
2. Analyse ihrer psychologischen Ursachen;
3. Ableitung von Prinzipien effektiven Handelns;
4. Untersuchung der psychologischen Wirkungen, die die Bedrohungen individuell und kollektiv auf uns ausüben.

2 Die globalen Bedrohungen für das Überleben und Wohlergehen

Weil wir nur mit einem fragmentarischen Bewusstsein gehandelt haben, haben wir das Gleichgewicht zerstört und das Gewebe des Universums zerrissen. Das Universum reagiert darauf, indem es jetzt seine ökologische Wiederherstellung bei uns eintreibt. Die fortschreitende Verschlechterung der Umwelt, die Entfremdung, der Verfall der Städte und soziale Unruhen spiegeln die Beschränktheit unseres Bildes vom Menschen und vom Universum wider. Unsere äussere Welt ist ein Abbild unseres inneren Zustands.
Duane Elgin

Jeder, der in den letzten Jahren eine Zeitung gelesen hat, ist sich wahrscheinlich darüber im klaren, dass wir es nicht mit einem, sondern mit mehreren globalen Problemen zu tun haben. Dennoch ist es sehr beunruhigend zu sehen, wie überaus klein die Zahl der Menschen ist, die das Ausmass und die Dringlichkeit dieser Krise richtig einschätzen.

Dieser Mangel an Wissen hat wahrscheinlich mehrere Gründe. Der erste ist die erschütternd oberflächliche Behandlung internationaler Nachrichten in unseren Medien. Aber selbst wenn die Informationen ausreichend sind, kann es immer noch äusserst schwierig sein, die vollen Implikationen dessen, was wir hören, zu erkennen. Wir, die wir in entwickelten Ländern leben, haben grosse Schwierigkeiten, uns die ganze Realität der Lebensbedingungen der in tiefster Armut lebenden Mehrheit der Weltbevölkerung wirklich vorzustellen, da unser Leben so bequem ist und wir vor solchen Erfahrungen geschützt sind.

Unsere Unwissenheit ist aber auch eine Folge von psychologischen Abwehrmechanismen. Oft wollen wir die Tatsachen einfach nicht aufnehmen, weil sie zu schmerzlich sind. Bewusst oder unbewusst entscheiden wir uns dafür, uns zu verschliessen und lieber unwissend zu bleiben, als uns für das volle Ausmass des Leides und Unglücks, das es auf der Welt gibt, zu öffnen. Auch Psychologen können diesen Mechanismen zum Opfer fallen, denn Menschen, die im psychologischen Bereich arbeiten, «wünschen sich, wie andere Menschen auch, eine vorhersagbare Welt und möchten gerne glauben, die Welt wäre besser organisiert, als sie es tatsächlich ist. In der Tat neigen Psychiater wie alle anderen zur radikalen Verleugnung von Problemen, die ausserhalb ihres Einflusses liegen».[1] Kurz, die meisten von uns, einschliesslich der gebildeten und psychologisch geschulten, bleiben relativ unbewusst über den wahren Zustand der Welt. Aus diesem Grund möchte ich im Folgenden einen Überblick über die Situation unserer Welt geben.

Ich gebe diesen Überblick ganz sicher nicht mit der Absicht, Angst und Schuldgefühle zu erzeugen, wie dies manchmal der Fall ist, sondern um zu informieren und auf konstruktive Weise zu motivieren. Psychologen sprechen von der Verschmelzung von Tatsachen und Werten und meinen damit, dass die Wahrheit einer Situation, wenn sie erst einmal erkannt ist, Werte und Motivationen hervorbringt, die zu ihr passen.[2] Der Satz, «die Wahrheit wird dich befreien», ist vielleicht nicht nur gute Theologie, sondern auch gut fundierte Psychologie, und wenn wir die Tatsachen unseres gegenwärtigen Zustands erst einmal voll und ganz zur Kenntnis genommen haben, werden sie vielleicht auch die angemessenen Werte und Verhaltensweisen hervorbringen.

Erfreulicherweise sind in der letzten Zeit mehrere detaillierte Analysen der weltweiten Trends herausgebracht worden. Die meisten der von mir im Folgenden verwendeten Daten basieren auf der wohl bekanntesten Studie dieser Art, dem Bericht *Global 2000,* der im Auftrag Präsident Carters von der Umweltbehörde erarbeitet worden ist.[3] Ich möchte betonen, dass die folgenden Zahlen trotz ihrer Ungeheuerlichkeit auf keinen Fall sensationsheischend sind. Der Report *Global 2000* schliesst vielmehr mit der Feststellung, dass aus technischen Gründen «die meisten quantitativen Ergebnisse der Studie die Bedrohlichkeit der möglichen Probleme untertreiben».[4]

Das heisst *nicht,* dass die Probleme unlösbar wären. Gewaltig, komplex, schwierig und dringend – ja, auf jeden Fall! Aber unlösbar – nein! Der Grund für mich, dieses Buch zu schreiben, ist ja gerade, dass ich zeigen möchte, dass sie potentiell lösbar sind, und dass psychologischen Einsichten eine entscheidende Rolle bei ihrer Lösung zukommen könnte.

Zu einem wirklich tiefen psychologischen Verständnis gehört nicht nur theoretisches Wissen über die Welt, sondern auch eine direkte Bewusstwerdung unserer eigenen Erfahrung. Es erfordert nicht nur Wissen, sondern auch Weisheit. Während Wissen etwas ist, das wir haben, bedeutet Weisheit etwas, das wir sind; wir entwickeln Weisheit, indem wir unsere persönliche Erfahrung reflektieren. Deshalb kann es sehr hilfreich sein, wenn man den folgenden Bericht nicht nur liest, um Informationen und Fakten zu bekommen, sondern auch, um die eigenen Reaktionen darauf zu beobachten. Denn diese subjektiven Reaktionen bestimmen die Art unseres Handelns und sind daher von wesentlicher Bedeutung für die Psychologie des menschlichen Überlebens.

Welches sind nun die Hauptbedrohungen für das Überleben und Wohlergehen der Menschheit? Ich möchte sie unter den Überschriften: Bevölkerung, Armut, Ernährung, Energie, Umwelt und Atomwaffen darstellen.

DIE BEVÖLKERUNGSEXPLOSION

Die Steigerungsrate des Bevölkerungswachstums kann man nicht anders als schwindelerregend bezeichnen. Es dauerte über eine Million Jahre, bis die Menschheit um 1800 n. Chr. eine Bevölkerungszahl von einer Milliarde erreichte. Heute jedoch, nur 185 Jahre später, zählen wir schon fast fünf Milliarden, und in nur vierzig weiteren Jahren wird sich, da alle dreizehn Jahre eine neue Milliarde hinzukommt, unsere Bevölkerung verdoppelt haben. Das bedeutet, dass man selbst unter Einbeziehung geplanter Verbesserungen bei der Familienplanung davon ausgehen muss, dass die Weltbevölkerung etwa im Jahr 2000 (also in weniger als fünfzehn Jahren) sechs Milliarden erreichen wird und um das Jahr 2030 (also in weniger als fünfzig Jahren) zehn Milliarden.[5]

Die National Academy of Sciences kam jedoch zu dem Schluss, dass eine Weltbevölkerung von zehn Milliarden «nahe an (wenn nicht über) der maximalen Zahl von Menschen liegt, die man in *einer intensiv organisierten Welt* mit einem Mindestmass an Lebensqualität und individueller Freiheit hoffen kann zu ernähren».[6] Ein solcher Zuwachs würde es erforderlich machen, innerhalb der nächsten fünfzig Jahre mehr Gebäude, Waren, Energie und Rohstoffe zu produzieren, als in der gesamten Geschichte der Menschheit bisher produziert worden sind. Das ist eine ziemlich grosse Aufgabe für eine Welt, der es bisher noch nicht einmal gelungen ist, eine halb so grosse Bevölkerung ausreichend zu versorgen. Das ist auch der Grund, weshalb «die Zukunft der Menschheit davon abhängt, ob es gelingen wird, dem Bevölkerungswachstum Einhalt zu gebieten».[7]

Die Situation wird noch schwieriger durch die Tatsache, dass über 90 Prozent dieses Bevölkerungswachstums in unterentwickelten Ländern stattfinden wird. Um das Jahr 2000 werden sich etwa fünf Milliarden Menschen (80 Prozent der Weltbevölkerung) in diesen schon jetzt überbevölkerten Gebieten drängen.

ARMUT

Diese Bevölkerungsexplosion wird die schon bestehende Kluft zwischen arm und reich noch vertiefen. Gegenwärtig leben 2,5 Milliarden Menschen (mehr als die Hälfte der Weltbevölkerung) in Ländern mit einem durchschnittlichen Pro-Kopf-Einkommen von weniger als 500 Dollar im Jahr. Von diesen Menschen haben eine Milliarde (ein Fünftel der Weltbevölkerung) weniger als 200 Dollar im Jahr.[8] Im Gegensatz dazu beträgt das Pro-Kopf-Einkommen in den entwickelten Ländern über 5000 Dollar, ungefähr dreissigmal mehr als das der Ärmsten.[9]

Traurigerweise ist es auch nicht sehr wahrscheinlich, dass sich an diesen Ungleichheiten etwas ändert, es sei denn, es würden drastische Massnahmen ergriffen. Im Gegenteil, wenn die gegenwärtigen Trends anhalten, werden die Reichen noch reicher werden, während die Armen arm bleiben.

Diese Armut fordert auf viele, viele Arten ihren Tribut. Um nur einige wenige zu nennen: 800 Millionen Menschen haben keine angemessene Wohnung oder auch nur Unterkunft,[10] und über 10 Millionen leiden an vermeidbarer Blindheit.[11] Von kontrolliertem, sauberem Trinkwasser kann man in vielen Ländern nur träumen, was zur Folge hat, dass die Bevölkerung mit trauriger Regelmässigkeit von Hepatitis-, Typhus- und Parasitenepedemien heimgesucht wird. Diese Tragödie verschlimmert sich noch durch die Tatsache, dass über drei Milliarden Menschen keine adäquate medizinische Versorgung zur Verfügung steht.

Dies sind ungeheuerliche, ja unfassbare Zahlen, die sehr wenig von dem Leid und der Verzweiflung, die sich dahinter verbergen, vermitteln können. Sie geben uns auch kein Gefühl für den Teufelskreis, der die Menschen in Armut und Krankheit gefangenhält. Denn mit der Armut gehen Krankheit, mangelnde Gesundheitsfürsorge, hohe Kindersterblichkeit, ein Minimum an Bildung und mangelnde soziale Absicherung einher. Krankheit aber bedeutet die Unfähigkeit zu arbeiten und somit noch mehr Armut. Mangelnde soziale Absicherung bedeutet das Fehlen einer Altersversorgung; damit sind diese Menschen im Alter von ihren Kindern abhängig. Wegen der hohen Kindersterblichkeit wollen die Eltern eine möglichst grosse Zahl Kinder bekommen, damit wenigstens einige das Erwachsenenalter erreichen. Die Bevölkerung wächst also weiter «aufgrund der unmenschlichen Bedingungen, unter denen diese Menschen leben».[12] Minimale Ausbildung verhindert den Aufstieg in qualifiziertere, besser bezahlte Berufe und führt dazu, dass lebenswichtiges Wissen über Dinge wie Gesundheitsfürsorge, Empfängnisverhütung und Anbaumethoden in Vergessenheit gerät. Das Ergebnis ist ein Teufelskreis, in den immer mehr Menschen immer tiefer verstrickt werden. Wir sind noch weit entfernt von der Menschenrechtserklärung der Vereinten Nationen (die wir alle durch unsere jeweilige Regierung unterzeichnet haben), in der es heisst:

Jeder Mensch hat das Recht auf einen Lebensstandard, der ausreicht, Gesundheit und Wohlergehen für ihn selbst und für seine Familie zu garantieren, einschliesslich Nahrung, Kleidung, Unterkunft, medizinischer Versorgung und notwendiger sozialer Dienste, sowie das Recht auf soziale Absicherung im Falle von Arbeitslosigkeit, Krankheit, Invalidität, Verwitwung, Alter oder andere Ausfälle des Lebensunterhalts durch unverschuldete Umstände.

ERNÄHRUNG

Vielleicht der verheerendste Tribut, den die Armut fordert, ist Unterernährung und Hunger. In den 70er Jahren hatte eine Person in den unterentwickelten Ländern im Durchschnitt nur 94 Prozent des minimalen Kalorienbedarfs zur Verfügung, der vom Ministerium für Ernährung und Gesundheit der Vereinigten Staaten festgelegt worden ist. Gegenwärtig sterben jährlich etwa 15 bis 20 Millionen Menschen eines Todes, der auf Unterernährung zurückzuführen ist, und weitere 400 bis 600 Millionen leiden an Unterernährung. Die Welt-Hunger-Kommission des amerikanischen Präsidenten schätzt, dass ihre Zahl um das Jahr 2000 auf unvorstellbare 1,3 Milliarden angewachsen sein wird.

Eine der Schwierigkeiten bei der Diskussion dieser Probleme besteht darin, dass die schiere Ungeheuerlichkeit der Zahlen und des Leidens, das hinter ihnen steht, unsere Fähigkeit übersteigt, uns eine annähernd realistische Vorstellung zu machen. Auch durch eine bewusste Anstrengung unseres Willens und unserer Vorstellungskraft können wir ihre wahre Bedeutung nur ansatzweise erkennen, denn:

> Wir werden mit Fakten überschüttet, aber wir haben die Fähigkeit verloren, oder sind dabei sie zu verlieren, diese Fakten zu *fühlen*. Die wahre Verteidigung der Freiheit ist die Imagination, jenes Gefühlsleben des Geistes, das *wirklich* weiss, da es Anteil nimmt an seinem Wissen.[14]

Stellen wir uns doch einmal einen Moment lang vor, innerhalb eines Jahres würde die gesamte Bevölkerung von Kalifornien, von Kanada oder der Tschechoslowakei, oder aber jeder dritte Einwohner von England oder Frankreich einen langsamen, schmerzvollen und vor allem vermeidbaren Tod sterben. Dann stellen wir uns vor, diese Szene würde sich Jahr für Jahr wiederholen, und zu jedem Toten kämen noch einmal dreissig andere dazu, die hungern und unterernährt sind, dann bekommen wir vielleicht eine ungefähre Vorstellung von dem wahren Ausmass des Leidens, das durch Hunger verursacht wird.

So schrecklich es auch jetzt schon sein mag, fast alle Vorraussagen deuten darauf hin, dass sich die jetzige Situation verschlimmern wird, wenn nicht die gegenwärtigen politischen und ökonomischen Prioritäten radikal verändert werden. Für die nächsten dreissig Jahre werden katastrophale Nahrungsausfälle in Asien, Afrika und dem Mittleren Osten erwartet. Wenn wir dieser Entwicklung nicht entgegensteuern, werden wir Hungersnöte von einem in der Geschichte der Menschheit nicht dagewesenen Ausmass erleben, bei denen Hunderte von Millionen Menschen sterben werden.[15]

Der Nobelpreisträger Norman Borlaug, der dabei mitgewirkt hat, dass hochergiebige Getreidesorten in der Dritten Welt eingeführt wur-

den, und der deshalb manchmal der Vater der «grünen Revolution»
genannt wird, drückte dies so aus:

> Es wird von entscheidender Bedeutung für das Überleben der Zivilisation
> sein, ob es gelingen wird, die Nahrungsmittelproduktion schnell genug zu
> steigern, um die wachsenden Bedürfnisse einer sehr grossen und ständig
> zunehmenden Bevölkerungszahl über die nächsten vier Jahrzehnte zu be-
> friedigen. Dies ist, gelinde gesagt, eine gewaltige Aufgabe. Allein in den
> nächsten vierzig Jahren wird die Welt-Nahrungsmittelproduktion um min-
> destens ebensoviel gesteigert werden müssen, wie sie während des gesam-
> ten 12000jährigen Zeitraums von den Anfängen des Ackerbaus bis zum
> heutigen Tag gesteigert worden ist.[16]

ENERGIE

Während in vielen Teilen der Dritten Welt Nahrungsmittelengpässe
drohen, sind die entwickelten Länder vor allem mit der Energieknapp-
heit konfrontiert. Das Öl-Embargo in den 70er Jahren hat uns auf eine
Art und Weise aufgerüttelt, wie dies keiner Studie oder Warnung bis
dahin gelungen war. Dennoch waren die langfristigen Auswirkungen
auf unseren Lebensstil und auf unsere Wirtschaft gering. Bisher waren
sie wenig mehr als Unannehmlichkeiten, und heute ist die Versorgung
wieder ausreichend, wenn auch etwas teurer. Dementsprechend gering
war die Motivation zu sparen und auf erneuerbare Energiequellen wie
Sonnenenergie, Wind- und Wasserkraft umzusteigen. Es wurden zwar
einige Verbesserungen erreicht, sie sind jedoch wesentlich geringer, als
sie hätten sein können.[17] Das Ergebnis ist, dass die westliche Welt weiterhin nicht-erneuerbare Energiequellen verschwendet, dass sie durch
Embargos verwundbar bleibt, und dass sie sich schon jetzt mit der dro-
hend abzeichnenden Realität schwindender Vorräte auseinanderset-
zen muss.

In den unterentwickelten Ländern ist die Situation dagegen eine
ganz andere. Dort sind die Auswirkungen der steigenden Energie-
preise dramatisch, in manchen Fällen katastrophal gewesen. Dringend
benötigte Devisen mussten für die Bezahlung der Energieversorgung
abgezweigt werden. Dies ging auf Kosten der Finanzmittel, die für eine
Anhebung des Lebensstandards und für die Aufrechterhaltung lebens-
wichtiger Dienstleistungen gedacht waren.[18]

Darüber hinaus ist die enorme Steigerung der weltweiten Nahrungsmittelproduktion, die in der Zeit von den 50er bis zu den 70er Jahren stattgefunden hat, sowie die geplante weitere Steigerung bis zum Ende dieses Jahrhunderts sehr stark von Erdöl und von aus Erdöl gewonnenen Produkten abhängig. Dies ist eine ernsthafte Bedrohung für die sogenannte «grüne Revolution», und man nimmt an, dass die Nahrungsmittelpreise in den nächsten Jahren deutlich steigen werden.[19]

KONSEQUENZEN FÜR DIE UMWELT

Die dramatischen Veränderungen bei der Weltbevölkerung und beim Rohstoff- und Energieverbrauch haben natürlich schwerwiegende Auswirkungen auf die Umwelt, und «praktisch jeder Aspekt des Ökosystems und der Ressourcen dieser Erde wird davon betroffen sein».[20] Dies umfasst z. B. die Fläche anbaufähigen Landes, die verfügbare Menge von Trinkwasser, die Ausdehnung der Wüsten, die Entwicklung von Atmosphäre und Klima, von Wald und Vegetationszonen und das Überleben der Arten. Der Bericht *Global 2000* jedoch schliesst mit der Feststellung, «dass die wohl besorgniserregendste Umweltentwicklung die wachsende Verschlechterung und der sich beschleunigende Verlust der lebenswichtigen Grundlagen für die Landwirtschaft sind».[21]

LANDWIRTSCHAFT

Grosse Teile der landwirtschaftlichen Anbaufläche der Erde werden bereits bis an ihre Ertragsgrenze und auch darüber hinaus ausgebeutet. Wenn dieser Druck auch noch mit einer schlechten Organisation und einem Mangel an Dünger einhergeht, führt das unvermeidlich zu einem bedauernswürdigen Zustand der Bodenverarmung. Falls die gegenwärtigen Trends anhalten – was ohne eine grundlegende Veränderung der weltweiten Prioritäten sicherlich der Fall sein wird – dann werden die landwirtschaftlichen Anbauflächen der Welt gegen Ende dieses Jahrhunderts eine deutliche Degeneration aufweisen. Man erwartet, dass Faktoren wie Erosion, Nährstoffverlust, Bodenverdichtung, Versalzung, die Ausbreitung der Städte, Vergiftung und Wasserknappheit die Produktivität verringern, landwirtschaftliche Flächen zerstören und die Wüsten vergrössern werden.

Vorsichtige Schätzungen sagen eine Ausdehnung der Wüsten der Welt um etwa 20 Prozent bis zum Jahr 2000 voraus. Darüber hinaus haben die Vereinten Nationen noch bei einer Fläche von annähernd acht Millionen Quadratmeilen die Gefahr der Wüstenbildung als «hoch» bis «sehr hoch» eingestuft. Diese riesige Fläche ist etwa zweieinhalbmal so gross wie die gegenwärtigen Wüsten der Erde. Dies bedeutet, dass wir, falls wir nicht wesentlich mehr Sorgfalt walten lassen als bisher, eine durch nichts ersetzbare landwirtschaftliche Anbaufläche von der Grösse Europas und der Vereinigten Staaten zusammen verlieren werden.

Auch die Wälder der Erde sind schwer bedroht und werden, wenn die gegenwärtigen Trends anhalten, möglicherweise schon Anfang des nächsten Jahrhunderts weitgehend erschöpft sein. Die Abholzung der Wälder bringt schon heute eine Vielzahl unheilvoller Auswirkungen hervor, an denen wir erkennen können, welch komplexe Wechselwirkungen zwischen der Verfügbarkeit von Ressourcen, Verbrauchsgewohnheiten und ökologischen Bedingungen eintreten können.[22]

So wird z. B. das meiste Holz in den unterentwickelten Ländern als Brennstoff zum Kochen verbraucht. Der steigende Bevölkerungsdruck und die abnehmende Verfügbarkeit von Holz haben jedoch dazu geführt, dass jetzt vermehrt Mist und Getreideabfälle verbrannt werden. Dies entzieht dem Boden Nährstoffe und raubt ihm durch die Verminderung seiner organischen Bestandteile die Fähigkeit, Feuchtigkeit zu halten. Für die Armen dieser Erde sind diese organischen Produkte jedoch meistens die einzigen verfügbaren Düngemittel, um die Produktivität des Bodens zu erhalten, und die hochergiebigen Getreidesorten der grünen Revolution sind sehr stark von einem hohen Nährstoffgehalt des Bodens abhängig. Das Resultat ist eine abwärts gerichtete Spirale von Verschlechterung der Umwelt und Erschöpfung der Ressourcen zu einer Zeit, in der der Nahrungsmittelbedarf rasant zunimmt.[23]

KLIMA UND ATMOSPHÄRE

Jeder von uns kennt bis zu einem gewissen Grad die Auswirkungen der Luftverschmutzung. Die Luftverschmutzung in den Städten ist offensichtlich, aber Phänomene wie saurer Regen und steigender Kohlendioxidgehalt in der Atmosphäre sind wahrscheinlich sehr viel grössere Langzeitprobleme. Schwefel- und Stickoxidemissionen verbinden sich mit dem Wasser in der Atmosphäre und bilden den sauren Regen, dessen Auswirkungen noch nicht völlig erforscht sind, zu denen aber sehr wahrscheinlich Schäden an Seen und Wäldern, an der Bodenqualität, an Ernteerträgen und an Gebäuden gehören.[24]

Brandrodungen und der Verbrauch von fossilen Brennstoffen führen zu einen Anstieg des Kohlendioxidgehalts in der Atmosphäre.[25] Um das Jahr 2000 wird der Kohlendioxidgehalt in der Atmosphäre um etwa ein Drittel höher sein als sein Stand vor der Industrialisierung und könnte sich in etwa fünfzig bis sechzig Jahren verdoppelt haben. Man erwartet, dass solch eine rapide, in der Geschichte der Menschheit noch nicht dagewesene Zunahme weltweit die Temperaturen, das Klima und die Landwirtschaft verändern wird. Schon ein Anstieg der durchschnittlichen Temperatur auf der Erde um nur ein Grad Celsius, was weit weniger ist, als man erwartet, würde zu einem beachtlichen Abschmelzen des Polareises führen und ein wärmeres Klima hervorbringen, als jemals während der letzten tausend Jahre geherrscht hat.[26]

SCHLUSSFOLGERUNGEN

Diese und viele andere Fakten machen deutlich, dass wir uns in einer Zeit noch nie dagewesenen ökologischen Verfalls und «Abstiegs» befinden, einer Zeit, in der wir die Ressourcen des Planeten Erde schneller verbrauchen, als sie sich regenerieren können. Wir haben die Erde von unseren Vorfahren geerbt, doch jetzt borgen wir sie uns von unseren Kindern. Wir erleben nicht nur heute schon unsägliches Leiden, das aus vermeidbaren Ursachen wie Hunger und Armut entsteht, sondern wir sind auch dabei, die Bedingungen für ein unendlich viel grösseres Leiden in der Zukunft zu schaffen.

Kurz, wir verpfänden unsere Zukunft und die Zukunft kommender Generationen. Denn solange die Bevölkerung wächst, die ökologischen Systeme zerstört und die Ressourcen erschöpft werden, wird es mit jedem Jahr schwieriger, eine Korrektur vorzunehmen. Jedes Jahrzehnt, das verstreicht, bevor das Nullwachstum der Bevölkerung erreicht ist, bedeutet eine halbe Milliarde Menschen mehr, die Nahrung, Unterkunft und Versorgung brauchen.[27] Und auch *nachdem* der Bevölkerungsdruck bereits nachgelassen hat, wird es wohl noch Jahrzehnte beanspruchen, die Wüsten zu rekultivieren.

Darüber hinaus jedoch weist Erik Dammann in seinem Buch *The Future in Our Hands,* das eine internationale Kampagne gleichen Namens in Gang gebracht hat, auf Folgendes hin:

> Die Welt ist nicht erst in der Zukunft von einer Katastrophe bedroht. Der grössere Teil der Menschheit erfährt die Katastrophe schon heute. Niemand von uns würde von einer *zukünftigen* Katastrophe sprechen, wenn unser gegenwärtiges Familieneinkommen weniger als einen Dollar pro Tag betrüge, oder wenn wir mit unserer Familie in einer Hütte oder einem Schuppen ohne Wasser und Elektrizität lebten, wenn wir hungern müssten, und jedes zweite Kind, das uns geboren wird, verlören, wenn unsere überlebenden Kinder körperlich oder geistig durch Mangelkrankheiten zugrundegerichtet wären und es keine Ärzte für uns gäbe. Wenn wir so leben müssten, wäre es uns vollkommen klar, dass die Katastrophe bereits jetzt eine vollendete Tatsache ist. Dies ist der Zustand, in dem die Menschheit heute lebt. Nicht weit entfernte, kleine Gruppen, sondern die Mehrheit von uns, die Menschheit lebt so.[28]

Dies sind die Tatsachen, die wahrzunehmen wir bereit sein müssen, wenn wir in der Lage sein wollen, angemessen auf sie zu reagieren. Von unserer Bereitschaft, diese Tatsachen wahrzunehmen, hängt das Schicksal der Erde ab.

3 Der atomare Schatten

Die Kernspaltung hat alles verändert, nur nicht die Art unseres Denkens, und deswegen bewegen wir uns auf eine Katastrophe ohnegleichen zu.
Albert Einstein

Die meisten von uns, die wir in der glücklichen Lage sind, in entwickelten Ländern zu leben, sind von den bisher besprochenen Problemen noch nicht direkt betroffen. Obwohl sich diese Situation sehr bald ändern kann, ist für uns die atomare Bedrohung das drängendste Problem. Mit der Ausbreitung der Atomwaffen steht nicht nur das Überleben von Individuen oder einzelnen Kulturen, sondern das der gesamten Zivilisation auf dem Spiel. Der atomare Schatten hängt über jedem einzelnen von uns und ist wahrscheinlich die grösste und akuteste Bedrohung in der Geschichte der Menschheit überhaupt. Die Menschheit steht vor einem Gericht, das sie sich selbst geschaffen hat, und wenn wir uns gegenseitig für schuldig erklären, werden wir die Todesstrafe über uns verhängen.

DER BESTAND VON ATOMWAFFEN

In den 60er Jahren erklärte der amerikanische Verteidigungsminister Robert McNamara, dass die Vereinigten Staaten ungefähr 200 atomare Sprengköpfe bräuchten. Mit dieser Anzahl, so argumentierte er, könnten die Vereinigten Staaten ein Drittel der russischen Bevölkerung töten und zwei Drittel der Industrie der Sowjetunion zerstören. Damit hätten sie die Sowjetunion als Industriemacht von Bedeutung ausgelöscht und sie mit schlimmeren Verwüstungen heimgesucht, als jede andere Katastrophe der Geschichte. Heute produzieren die Vereinigten Staaten alle zwei Monate 200 Sprengköpfe und besitzen eine Gesamtzahl von 30000. Weltweit gibt es mehr als 50000,[1] und am heutigen Tag werden wohl einige weitere hinzukommen.

Die Gesamtsprengkraft dieser Waffen entspricht etwa 20 Milliarden Tonnen TNT.[2] Diese im Grunde unvorstellbare Menge wird auf eine bestürzende Weise anschaulich, wenn man sich vor Augen führt, dass ein Güterzug, der sie fassen könnte ungefähr *vier Millionen Meilen* lang wäre. Mit anderen Worten, diese 20 Millionen Tonnen TNT würden einen Zug füllen, der 160mal um die Erde reichen würde, bzw. der sich achtmal zum Mond *und* zurück erstrecken würde. Dieser Zug repräsentiert eine Sprengkraft, die 1,6 Millionen mal grösser ist als die der Hiroshima Bombe, die mit ihren 12,5 Kilotonnen nach heutigen Massstäben fast wie ein Feuerwerkskörper anmutet, und die doch ausreichte, um eine Stadt zu zerstören und 130000 Menschen zu töten. Ebenso unbedeutend lassen diese 20 Milliarden Tonnen TNT die drei Millionen Tonnen Sprengstoff erscheinen, die mit sämtlichen Bomben während des zweiten Weltkrieges abgeworfen wurden. Die gesamte Sprengkraft aller Waffen, die in sämtlichen Kriegen der menschlichen Geschichte bisher zum Einsatz gekommen sind, wäre nicht mehr als ein Bruchteil der Kraft von nur einem der grösseren Sprengköpfe von heute.

DIE GEFAHR VON UNFÄLLEN

Es versteht sich von selbst, dass diese Waffen von den ausgeklügeltsten und kompliziertesten Sicherheitssystemen kontrolliert und bewacht werden, die jemals entwickelt wurden. Aber gerade diese Komplexität macht sie anfällig sowohl für menschliche als auch technische Fehler,[3] und macht sie zu einem «sich durch Zufall selbst aktivierenden System».[4] So gab es z. B. bei dem nordamerikanischen Radar Luftabwehrsystem (NORAD), das zur Entdeckung eines atomaren Angriffs bestimmt ist, in den achtzehn Monaten vor dem 30. Juni 1980 151 falsche Alarme, die als «ernst» eingestuft wurden, und 3703 niedriger eingestufte Alarme.[5] Ähnlich viele Irrtümer sind wahrscheinlich in den sowjetischen Systemen aufgetreten, vielleicht sogar mehr, da ihre Computer angeblich weniger hochentwickelt sind. Diese Irrtümer müssen vor Ablauf der dreissig Minuten aufgeklärt werden, die eine Interkontinentalrakete braucht, um ihr Ziel zu erreichen, oder gar in sechs oder zehn Minuten, wenn es sich um Waffen handelt, die von Unterseebooten abgefeuert werden.

· Diese gefährlich kurzen Reaktionszeiten haben die Notwendigkeit der Einführung von «Abschuss-auf-Warnung-Systemen» geschaffen. Dies ist eine Taktik, die verhindern soll, dass die eigenen Raketen verlorengehen, indem sie unmittelbar – in einigen Plänen innerhalb von sieben Minuten – nach Entdecken eines scheinbaren Angriffs abgefeuert werden.[6] Diese schnellen Reaktionszeiten werden allerdings nur erreicht, indem man eine weitere Automatisierung, noch stärkere Abhängigkeit von Computern und noch weniger Zeit für die Aufdeckung eines Irrtums in Kauf nimmt. Menschliche Entscheidungsmöglichkeiten reduzieren sich in einem solchen System auf ein Minimum. Im Militärjargon sagt man dazu: «Sie entfernen den Menschen aus dem Schaltkreis.» Die Antwort eines amerikanischen Kongressabgeordneten darauf bringt die Gefährlichkeit dieser Strategie sehr treffend zum Ausdruck: «Ich fürchte, dies könnte den Menschen von diesem Planeten entfernen.»[7]

Die militärisch Verantwortlichen haben zwar Recht, wenn sie sagen, dass sie alle erdenklichen Vorsichtsmassnahmen getroffen hätten, und dass das Risiko eines zufälligen Abschusses minimal sei. Doch wenn man bedenkt, welch enormes Talent zu Irrtümern sowohl Menschen als auch Computer an den Tag legen, und dass ein einziger Irrtum unser letzter sein könnte, wird man sich schwerlich beruhigt fühlen.

Auch im Umgang mit den Bomben hat es schon Unfälle und Irrtümer gegeben. Bomben wurden nicht nur falsch deponiert oder gingen verloren, sondern sind auch mit erschreckender Regelmässigkeit aus Flugzeugen herausgefallen. 1961 stürzte ein Flugzeug, das eine 24-Megatonnen-Bombe (ungefähr zweitausendmal stärker als die Hiroshima-Bombe) transportierte, über North Carolina ab. Wir haben Glück gehabt, dass die Bombe sechs Sicherungen hatte, und noch mehr Glück, dass nur fünf dieser Sicherungen versagten. Andere Atomwaffen, die von amerikanischen und sowjetischen Flugzeugen und U-Booten verlorengingen, sind niemals wiedergefunden worden.[8]

DIE FOLGEN DER PRODUKTION VON ATOMWAFFEN

Doch selbst wenn diese Waffen niemals – absichtlich oder zufällig – zum Einsatz kommen, birgt allein schon ihre Produktion viele Risiken in sich. Zur Zeit gibt es nicht eine einzige Deponie, in der radioaktives Material auf Dauer gelagert werden könnte.[9] Allein in den Vereinigten Staaten haben sich bis heute über 250 Millionen Liter hochkonzentrierten radioaktiven Abfalls und Tausende von Tonnen weniger aktiven Materials angesammelt.[10] Man erwartet, dass sich diese Menge in 25 Jahren verdoppelt haben wird, doch ist eine mögliche Deponie für eine Endlagerung bis heute noch nicht gefunden worden.[11]

Wie kritisch diese Probleme sind, wird überdeutlich, wenn man sich ins Gedächtnis ruft, dass einige dieser Substanzen zu den stärksten Giften gehören, die wir kennen, und Halbwertzeiten von Hunderten oder gar Tausenden von Jahren haben. Plutonium z. B. hat eine Halbwertzeit von 24000 Jahren; es reichert sich in der Nahrungskette an und kann schon bei einer Menge von ungefähr einem Mikrogramm Krebs erzeugen. Man benötigt jedoch fünf bis zehn *Kilogramm,* ungefähr eine Milliarde mal mehr als die Krebs erzeugende Dosis, um eine kleine Atomwaffe herzustellen, und ein Atomreaktor produziert jährlich Hunderte von Kilogramm Plutonium. Wir müssen also Wege finden, Substanzen dauerhaft zu lagern, die weit länger giftig bleiben werden als von den Anfängen der Zivilisation bis heute.

DIE VERSCHWENDUNG VON RESSOURCEN

Aber auch wenn diese Waffen niemals eingesetzt würden, und die Probleme der Lagerung des Atommülls gelöst wären, bliebe immer noch das Problem der enormen Verschwendung von Rohstoffen, Geld und Arbeitskraft. Atomwaffen verschlingen zur Zeit weltweit 100 Milliarden Dollar im Jahr. Die gesamten Militärausgaben betrugen im Jahr 1983 unvorstellbare 660 Milliarden Dollar, das entspricht 1,8 Milliarden Dollar am Tag oder 1,25 Millionen Dollar in der Minute, und der Betrag erhöht sich weiterhin Jahr für Jahr.[12] Bernard Lown, Präsident der internationalen Physikervereinigung zur Verhinderung eines Atomkriegs, sagte dazu: «Ein kleiner Teil dieser Ausgaben würde ausreichen, um die Welt mit Ernährung, Trinkwasser, Unterkunft, Bildung und modernem Gesundheitswesen angemessen zu versorgen.»[13] Tatsächlich schätzt die Welthungerkommission des amerikanischen Präsidenten, dass 6 Milliarden Dollar im Jahr genügen würden, um die Unterernährung abzuschaffen – ein Betrag, der noch unterhalb der Rüstungsausgaben von vier Tagen liegt.[14] Papst Paul IV. erinnerte daran, dass das Wettrüsten tötet, ob die Waffen gebraucht werden oder nicht, und Präsident Eisenhower beklagte sich, dass «jede Kanone, die produziert wird, jedes Kriegsschiff, das vom Stapel läuft, und jede Rakete, die abgefeuert wird, letztlich einen Diebstahl an denjenigen bedeutet, die hungern und nicht genährt werden, die frieren und nicht gekleidet werden. Die von Waffen starrende Welt verschwendet nicht nur Geld, sie verschleudert den Schweiss ihrer Arbeiter, den Erfindungsgeist ihrer Wissenschaftler und die Hoffnungen ihrer Kinder.»[15]

Es ist traurig, wie langsam die Welt die Tatsache erkennt, dass Kriege um Rohstoffquellen heutzutage ein Anachronismus sein könnten, denn wenn das gleiche Geld zum Wohle aller ausgegeben würde, wäre genug für alle da.[16]

DIE AUSWIRKUNGEN EINES ATOMKRIEGES

Und wenn nun Atomwaffen eingesetzt würden? Die Auswirkungen, die selbst für einen relativ begrenzten Atomkrieg vorausgesagt werden, sind derartig schrecklich, vernichtend und vielfältig, dass ich mir nicht anmassen kann, ein adäquates Bild davon zu geben. Tatsächlich haben sogar Atomwissenschaftler und Strategen die Auswirkungen atomarer Explosionen immer wieder unterschätzt. Alle paar Jahre werden neue Probleme erkannt,[17] und es wird immer deutlicher, dass «die langfristigen, weniger gut voraussagbaren Auswirkungen auf die Umwelt vielleicht ebenso schlimm, wenn nicht sogar bei weitem schlimmer sind, als die kurzfristigen, relativ leicht zu berechnenden Auswirkungen wie Hitze, Druckwelle und radioaktive Verseuchung.» [18] «Die Konsequenzen würden jede menschliche Erfahrung so weit überschreiten, dass wir sie als gänzlich unvorhersagbar betrachten müssen ... Wir können uns nur darin sicher sein, dass sie jede Katastrophe, die die Welt bisher gesehen hat, übertreffen werden.» [19]

So hätte beispielsweise eine einzelne 20-Megatonnen-Explosion über New York sicherlich verheerendere Folgen als jede andere Katastrophe in der Geschichte der Menschheit. Dennoch wären Ihre Auswirkungen immer noch voraussagbar: nämlich ein Fallout, der Zehntausende von Quadratkilometern bedecken würde, und schätzungsweise 20 Millionen Tote (10 Prozent der Bevölkerung der Vereinigten Staaten).[20] Die Auswirkungen von zehntausend, zwanzigtausend oder mehr Explosionen wären dagegen völlig unvorstellbar. Zu den weltweiten Sofortwirkungen würde eine Verschmutzung mit Stickoxiden, Staub, Rauch und Hunderten von radioaktiven Substanzen gehören.[21]

Die Verschmutzung der Atmosphäre durch Staub und Rauch würde zu einer Verdunkelung der ganzen Welt und zu einem «atomaren Winter» führen. Durch die Reduzierung der Sonneneinstrahlung könnten die Temperaturen weltweit schon unter den Gefrierpunkt sinken, wenn «nur» 100 Megatonnen (weniger als 1 % der Arsenale der Supermächte) explodiert wären.[22] Man nimmt an, dass in der Vorgeschichte Staubwolken für Massensterben verantwortlich waren; mit den Wolken, die wir selbst geschaffen hätten, würde es uns wahrscheinlich nicht besser ergehen.

Auch die Ozon-Schicht wäre in Gefahr. Die National Academy of Science kam zu dem Schluss, dass die Detonation von weniger als der Hälfte der Atomwaffen der Supermächte ungefähr 70 % des atmosphärischen Ozons der nördlichen Hemisphäre zerstören würde.[23] Das Ozon aber ist von entscheidender Bedeutung für das Leben, denn es filtert die ultravioletten Strahlen der Sonne und schützt uns vor ihren schädlichen Wirkungen. Wenn 70 % dieser Ozonschicht zerstört wären, hätte das zur Folge, dass ein Aufenthalt im Sonnenlicht von nur zwei bis fünf Minuten zur Blindheit führen würde und nach zehn Minuten schwerste Verbrennungen auftreten würden. Tatsachen wie diese zeigen, dass die Zivilschutzpläne, wie z. B. die schnelle Verfrachtung von zig Millionen Menschen in «sichere Gebiete», grösstenteils auf Unwissenheit und Phantasterei beruhen.[24]

Die zu erwartenden biologischen Konsequenzen eines Atomkriegs sind, gelinde gesagt, sehr ernst. Tiere und Menschen würden verstrahlt, vergiftet, sie würden erblinden und erfrieren; Pflanzen und

Feldfrüchte würden weitgehend zerstört. Die Photosynthese der überlebenden Pflanzen wäre stark reduziert, und «Landwirtschaft, wie wir
sie kennen, wird es praktisch nicht mehr geben.» [25] Die Bedeutung dieser unvorstellbaren Erschütterungen für die Menschheit wurden von
führenden sowjetischen und amerikanischen Politikern zusammenge-
fasst. In einer Veröffentlichung der sowjetischen Regierung heisst es:
«Ein Atomkrieg wäre eine weltweite Katastrophe und würde wahrscheinlich das Ende der Zivilisation bedeuten. Er könnte sogar zur Vernichtung der gesamten Menschheit führen.» «Die Überlebenden, wenn
es welche gäbe, würden verzweifelt in den Ruinen einer Zivilisation her-
umirren, die Selbstmord begangen hat», sagte Präsident Carter. [26] Kurz,
selbst ein sehr begrenzter Atomkrieg hätte Zerstörungen und Leiden in
einem Ausmass zur Folge, das in der Geschichte der Menschheit noch
nicht dagewesen ist. Ein voller Schlagabtausch würde Milliarden von
Menschen den Tod bringen und sehr wahrscheinlich sogar das Ende der
Menschheit bedeuten.

Doch ungeachtet der Tatsache, dass die gegenwärtig vorhandenen
Waffen fähig sind, uns auszulöschen, geht das Wettrüsten unvermin-
dert weiter. Während die konventionellen und die nuklearen Waffenarsenale immer weiter ausgebaut werden, befindet sich eine völlig
neue Generation von Waffen, von denen einige im Weltraum statio-
niert werden sollen, im Stadium der Planung. «In einer Zeit, in der
sämtliche ernstgemeinten Verhandlungen zwischen den Vereinigten
Staaten und der Sowjetunion zum Erliegen gekommen sind, könnte
sich jederzeit die erste Phase eines ‹Kriegs der Sterne› entwickeln»,
sagt der US Senator Larry Presler. [27] Und tatsächlich: «Das Problem
der Weltraumwaffen bringt die Menschheit an eine Schwelle, die kaum
weniger bedeutsam ist als diejenige, mit der wir es in den 40er Jahren
zu tun hatten, als die Atombombe erfunden wurde.» [28] Gegenwärtig
werden Waffen wie Anti-Satelliten-Raketen, Teilchenstrahlwaffen,
«Himmelsfestungen» mit Laserkanonen usw. entwickelt. Das Wettrüsten beschleunigt sich immer mehr in einer immer teureren und töd-
licheren Spirale, ohne dass ein Ende in Sicht wäre.

ZUSAMMENFASSUNG

Dies sind also die Hauptprobleme, mit denen es die Menschheit heute
zu tun hat. Wir stehen gemeinsam an einem historischen Wendepunkt,

an dem Entwicklungen, die sich über Jahrzehnte, ja sogar über Jahrhunderte aufgebaut haben, miteinander kollidieren und damit eine Situation schaffen, die wir nur verleugnen und ignorieren können, wenn wir dafür namenloses Elend, Krankheit, Hunger, Tod und vielleicht sogar den Selbstmord der Menschheit in Kauf nehmen wollen.

Es liegt in der Natur der Sache, dass die meisten dieser Probleme keiner schnellen Lösung zugänglich sind, da sie mit sehr komplexen sozialen, ökonomischen und politischen Faktoren verwoben sind. Neue Ebenen der kooperativen Planung, der Prioritätenbestimmung und des Engagements sind erforderlich, wenn wir den Konsequenzen der gegenwärtigen Entwicklung entkommen und unvorstellbares menschliches Leid verhindern wollen. Der Bericht *Global 2000* fasst daher zusammen:

> Die Probleme, die sich uns stellen, wenn wir die Tragfähigkeit der Erde und die Möglichkeiten für ein bescheidenes Leben der Menschen, die sie bewohnen, erhalten wollen, sind gigantisch und rücken uns sehr nahe ... Es bleibt nicht mehr viel Zeit zum Handeln ... Wenn die Nationen als einzelne und gemeinsam nicht bald mutige und phantasievolle Schritte in Richtung einer Verbesserung der sozialen und ökonomischen Bedingungen, der Reduzierung des Geburtenüberschusses, einer besseren Verwaltung der Ressourcen und dem Schutz der Umwelt unternehmen, muss die Welt mit einem schlimmen Eintritt ins 21. Jahrhundert rechnen.[29]

Unser Schicksal hängt von unserer Bereitschaft ab, uns mit diesen Problemen und mit uns selbst zu beschäftigen und an der Lösung dieser Probleme und an der Veränderung der psychologischen Faktoren, die sie verursacht haben, zu arbeiten. Deshalb sollten wir damit beginnen, die psychologischen Faktoren zu untersuchen, die in uns selbst und in unseren Beziehungen wirksam sind, und die uns in diese Situation gebracht haben, aber auch diejenigen, die uns wieder hinausführen können. Stellen wir uns also folgende Fragen zu den gegenwärtigen Bedrohungen:

1. Welches sind ihre psychologischen Ursachen?
2. Welche psychologischen Prinzipien müsste man einem wirksamen Handeln zugrunde legen?
3. Welche psychologischen Auswirkungen haben diese Bedrohungen auf uns, sowohl persönlich als auch gesellschaftlich?

Teil 2
Der Zustand
unserer Psyche

4 Die psychologischen Wurzeln unseres Dilemmas

Meiner Meinung nach wird das Schicksal des Menschen von seinem eigenen Temperament bestimmt. Eine andere Art von Schicksal gibt es nicht. Daher glaube ich auch nicht, dass er notwendigerweise auf jenem Weg bleiben muss, der ihn immer weiter nach unten führt; solange er nicht ganz am Ende ist, kann er immer noch umkehren.
Albert Schweitzer

Da alle wesentlichen Bedrohungen für das Überleben und Wohlergehen der Menschheit vom Menschen selbst ausgehen, sind ihre Wurzeln natürlich weitgehend, wenn auch nicht ausschliesslich, psychologischer Natur. Der Zustand der Welt ist also ein Abbild unseres individuellen und kollektiven Geisteszustands. So gesehen sind unsere «Probleme» eigentlich «Symptome», und um deren Ursachen und Behandlung herauszufinden, müssen wir lernen, uns selbst und unser Verhalten zu verstehen.

Wenn wir dieses Verständnis erlangen wollen, dürfen wir nicht nach dogmatischen und vereinfachenden Antworten suchen. Wir sind, gelinde gesagt, furchtbar komplexe Geschöpfe, und dementsprechend komplex sind auch die Probleme, die wir geschaffen haben. Von daher hilft es uns auch nicht weiter, wenn wir den Zustand der Welt einzig und allein mit Hilfe unseres bevorzugten Sündenbocks erklären – sei es nun Russenangst, falsche Kindererziehung oder materialistische Dekadenz.

Jedes Verhalten ist das Ergebnis vieler Ursachen. Wenn wir es nur einer einzigen oder einigen wenigen dieser Ursachen zuschreiben, bedeutet dies einen Verlust an Breite, Wirksamkeit und Flexibilität, sowohl im Verständnis als auch in der Reaktion. Daher wird es für unsere Zwecke wichtig sein, dass wir uns auf eine Vielzahl von psychologischen Schulen und Ansätzen stützen, da jede Schule die Tendenz hat, sich auf eine bestimmte Art von Ursachen zu konzentrieren.

Machen wir also den Versuch, unsere globale Psychologie nicht nur auf eine Schule, Überzeugung oder Sichtweise zu gründen, sondern vielmehr auf einen vorurteilslosen, alles umfassenden Rahmen, der den möglichen Wert und den sich ergänzenden Charakter vieler Ansätze anerkennt. Wenn wir so vorgehen, nehmen wir damit auf der psychologischen Ebene vorweg, was wir auf der internationalen Ebene erreichen möchten, nämlich die traditionellen Grenzen und Konflikte beiseitezulassen und die möglichen Beiträge aller Schulen willkommen zu heissen und objektiv zu würdigen – verhaltenstheoretische und psychodynamische, individuelle und sozial orientierte, kognitivistische und existentialistische, östliche und westliche.

Jede dieser Schulen vermittelt uns eine ganz spezifische Sicht vom Wesen des Menschen und seiner Pathologie, die sich auch auf die Analyse der Bedrohungen für das Überleben und Wohlergehen der Menschheit anwenden lässt. So betont z. B. die kognitive Psychologie die Wichtigkeit von Überzeugungen, Annahmen und Unwissenheit; der Behaviorismus erinnert uns an die Bedeutung von unangemessenen Verstärkern; die Psychoanalyse macht uns die Macht von Abwehrmechanismen schmerzhaft bewusst; die humanistischen, existentialistischen und transpersonalen Traditionen weisen darauf hin, welchen Schaden wir uns durch ein nicht-authentisches Leben und durch eine unterlassene Selbstverwirklichung zufügen; die östlichen Traditionen zeigen uns die zerstörerischen Wirkungen von Anhaftung, Abneigung und Täuschung.

Jeder dieser Ansätze hat etwas beizutragen. Die entscheidende Frage ist vielleicht: Welche Einsichten lassen sich am besten in die Praxis umsetzen, welche helfen uns am effektivsten dabei, die Dinge besser zu verstehen und zu bewältigen? Das Kriterium ist hier ganz einfach und pragmatisch.

Im Folgenden wollen wir daher einen Überblick über strategisch bedeutsame psychologische Faktoren geben, die uns beim Verständnis der gegenwärtigen weltweiten Probleme helfen können und uns einen Weg zu geeigneten Reaktionen weisen können.

Die wesentlichen Dimensionen, die wir untersuchen werden, umfassen:

1. Die kognitiven Faktoren der Gedanken, Überzeugungen und Annahmen;
2. Behaviorismus und Verstärkung;
3. Soziales Lernen und die Rolle der Medien;
4. «Die drei Gifte»: Anhaftung, Abneigung und Täuschung;
5. Die Wahrnehmungstendenzen des Dualismus und der Zersplitterung;
6. Abwehrmechanismen;
7. Angst;
8. Unreife und mangelnde Authentizität, sowohl individuelle als auch soziale.

5 Gedanken, Überzeugungen und Annahmen

Es gibt kein widersprüchlicheres Konzept als das der «müssigen Gedanken».
Etwas, das die Wahrnehmung einer ganzen Welt entstehen lässt, kann man wohl kaum als müssig bezeichnen.
Jeder Gedanke, den man hat, trägt bei zu Wahrheit oder Illusion.
Anonym

Innerhalb der letzten Jahre hat sich die Auffassung, dass unsere Gedanken und Überzeugungen eine ungeheure Macht haben, unsere Erfahrung und unser Verhalten zu formen, immer mehr durchgesetzt. Gedanken und Überzeugungen bestimmen, wonach wir suchen, was wir erkennen und wie wir das, was wir erkennen, interpretieren. Problematisch an diesen Prozessen ist, dass sie leicht zu einer sich-selbst-erfüllenden Prophezeiung werden können.

Das heisst, Überzeugungen haben die Tendenz, ihre eigene Gültigkeit zu bestätigen, da sie unsere Wahrnehmungen und unsere Verhaltensweisen in der Weise formen, dass sie mit ihnen übereinstimmen.[1] Wenn ich z. B. glaube, dass Franzosen aggressiv und feindselig sind, dann werde ich für jede ärgerliche Reaktion von ihrer Seite ganz besonders empfänglich sein, und mich ihnen gegenüber vielleicht sogar auf eine Art und Weise verhalten, die solche Reaktionen hervorruft. Mit anderen Worten, unsere Überzeugungen bringen uns dazu, eben die Dinge wahrzunehmen, die uns die Richtigkeit unserer Überzeugungen bestätigen.

Leider macht die Tatsache, dass dieser Prozess grösstenteils unbewusst abläuft, ihn noch gefährlicher.[2] Wir merken nicht einmal, wie unsere Wahrnehmung beeinflusst wird. Daher neigen wir dazu, unsere Überzeugungen, die ja nur Aussagen über die Realität sind, für die Realität selbst zu halten. So erkennen nicht wir unsere Überzeugungen, sondern unsere Überzeugungen bestimmen, was wir erkennen. Wir sehen also, «es gibt nichts Schwierigeres, als sich der Voraussetzungen seiner eigenen Gedanken kritisch bewusst zu werden ... jeder Gedanke kann direkt überprüft werden, nur nicht der Gedanke, mit dem wir überprüfen.»[3]

Doch wir müssen uns unserer Voraussetzungen bewusst werden, weil wir nur dann die zerstörerischen Überzeugungen erkennen können, die unsere gegenwärtige Krise verursachen. Wir können diese Überzeugungen in folgende Kategorien unterteilen:

1. Überzeugungen über uns selbst,
2. Überzeugungen über Überzeugungen,
3. Überzeugungen über andere Menschen,
4. Überzeugungen über die Welt, über Waffen und über Kriegsführung.

Das Folgende ist vielleicht ganz besonders wichtig.

ÜBERZEUGUNGEN ÜBER UNS SELBST

Jede Entscheidung, die du triffst, entsteht aus dem, was du über dich denkst und repräsentiert den Wert, den du dir selbst beimisst.
Anonym

Alle Überzeugungen haben eine nachhaltige Wirkung; dies gilt jedoch ganz besonders für diejenigen, die wir über uns selbst haben. Denn unser Selbstbild – was wir denken, was wir sind – ist eine Konstruktion unserer Überzeugungen. Die Auswahl dieser Überzeugungen ist von unserer Vergangenheit bestimmt, aber die Überzeugungen selbst wählen unsere Zukunft aus und sagen uns nicht nur, was wir sind, sondern auch, was wir werden und was wir nicht werden können.

Alles, was wir sagen, denken oder tun, geschieht daher in Abhängigkeit von unseren Überzeugungen über uns selbst. Insgesamt bilden sie unsere Identität, unsere Möglichkeiten und unser Gefängnis von selbstauferlegten Grenzen. Aber wir brauchen uns nicht damit abzufinden, dass sie unseren Wert und unsere Fähigkeiten diktieren und begrenzen, sondern wir können sie gegen solche austauschen, die uns mehr Erfüllung und Stärke ermöglichen. Von daher ist es auch nicht weiter verwunderlich, dass ein wesentlicher Teil der Psychotherapie und des psychologischen Wachstums darin besteht, Überzeugungen, die das Selbst einschränken, als das zu erkennen, was sie sind, nämlich einfach nur Überzeugungen.

Im Hinblick auf die Situation unserer Welt sind solche Überzeugungen über das Selbst besonders wichtig, die das Gefühl unserer eigenen Stärke und Effektivität einschränken. «Ich kann ja doch nichts machen», ist die klassische Äusserung der Ohnmacht. Andere Zweifel an den eigenen Möglichkeiten beginnen mit: «Ich kann nicht ...», «ich könnte niemals ...», «ich bin nicht qualifiziert genug, um zu ...», oder «niemand würde mir zuhören». Eine ganze Kategorie von begrenzenden Überzeugungen kleidet sich in die allgemeine Form: «Ich bin zu ...» (In den Leerraum kann jeder seine Lieblingsüberzeugung eintragen, also z. B. jung/alt, verängstigt/wütend, dick/dünn, usw.) Die Apathie und das Nichtstun, die diese Überzeugungen hervorbringen, können dann mit dem stets beliebten «dafür bin ich nicht verantwortlich» rationalisiert werden.

ÜBERZEUGUNGEN ÜBER ÜBERZEUGUNGEN

Falsche Ansichten über Überzeugungen können durchaus gefährlich sein. Menschen, die vergessen, dass ihre Ideologien und politischen Systeme Überzeugungen sind und diese mit «der Wahrheit» verwechseln, werden bereit, für diese zu kämpfen, zu töten und zu sterben. Noch gefährlicher wird diese Situation, wenn Menschen vergessen, dass jede Überzeugung notwendigerweise begrenzt ist und nur einen Teil der Wahrheit erfasst. Sie erheben dann den Anspruch, dass ihre Überzeugungen nicht nur die Wahrheit, sondern die ganze Wahrheit und die einzige Wahrheit sind. Auf diese Weise werden Inquisitionen, Hinrichtungen und Kriege begründet und glorifiziert.

Auch wenn ein Glaubenssystem im Prinzip eine gute Sache ist, so kann es doch zu einer Konfliktquelle werden, nämlich dann, wenn Menschen glauben, dass es die alleinige Wahrheit repräsentiere und dass andere Wahrheiten notwendigerweise falsch oder böse seien. So enthalten die grossen Religionen der Welt sicherlich die inspirierend-sten und edelsten Gedanken der Menschheit, aber dennoch haben Hin-dus, Moslems, Christen und Juden jahrhundertelang für den Aus-schliesslichkeitsanspruch ihrer Wahrheit gekämpft. Ähnlich verhält es sich mit dem Kapitalismus, der zweifellos vielen Menschen enormen materiellen Wohlstand gebracht hat. Aber diejenigen, die ihn für das einzig Wahre halten, haben Menschen, die mit anderen Wegen experi-mentieren, manchmal mit Füssen getreten.

ÜBERZEUGUNGEN ÜBER ANDERE MENSCHEN

Überzeugungen, die wir uns über andere Menschen machen, und die Art der Beziehungen, die wir zu ihnen haben, spielen auch eine sehr wichtige Rolle. Besonders gefährlich sind dabei Überzeugungen, die andere Menschen diffamieren, entmenschlichen, oder als uns selbst von Natur aus unterlegen ansehen. Sätze, in denen dies sehr deutlich zum Ausdruck kommt, sind z. B.: «Die sind doch selbst schuld, dass sie hungern müssen», «Diese Leute sind für das Wettrüsten verantwort-lich», ««Die da› sind anders als ‹wir›», «Man kann ihnen nicht trauen» und im Extremfall, «Sie sind eigentlich keine richtigen Menschen».

Unglücklicherweise können wir heutzutage einige der extremsten Beispiele aus dem Munde führender sowjetischer und amerikanischer Politiker hören. Mit trauriger Regelmässigkeit beschreiben sie sich ge-genseitig z. B. als «gottlose Ungeheuer», «das Reich des Bösen in der modernen Welt», oder als nicht bereit, auch nur die «elementarsten Regeln des Anstands»[5] einzuhalten. Wenn führende Politiker solche Überzeugungen voneinander hegen, dann sind die Chancen für einen sinnvollen Dialog natürlich gefährlich gering.

Überzeugungen, die Beziehungen ganz unter dem Gesichtspunkt der Konkurrenz betrachten («wir gegen die anderen»), sind besonders geeignet, Feindseligkeit und Aggression zu erzeugen. Dies ist vor allem dann gefährlich, wenn angenommen wird, dass in der Beziehung das, was die eine Seite gewinnt, auf Kosten der anderen Seite gehen muss.* Im Extremfall entwickelt sich diese Annahme zu der Überzeugung, dass nur eine Seite überleben kann.

Solche Überzeugungen führen zu einer Vielzahl von destruktiven sozialen Prozessen; die gegenwärtige Feindseligkeit zwischen den Supermächten ist ein tragisches Beispiel dafür. Auf beiden Seiten neigen die Menschen dazu zu glauben, der Marxismus und der Kapitalismus seien zu einem unerbittlichen Kampf um die Weltherrschaft und ums Überleben gezwungen. «Der Vormarsch der Freiheit und der Demokratie ... wird den Marxismus-Leninismus auf dem Abfallhaufen der Geschichte zurücklassen», behauptet Präsident Reagan; «Die Apostel des Wettrüstens sind dabei, den Atom-Krieg ... mit der kaltblütigen Gelassenheit von Totengräbern zu planen», sagen die Sowjets.[6] Diese Art von Glaubenssystem ist ein Beispiel für eine manichäistische Weltsicht, in der die Erde als ein Schlachtfeld für die Kräfte des Lichts (wir) und die Kräfte der Finsternis (die anderen) angesehen wird, die sich in einem Kampf auf Leben und Tod miteinander befinden.

Überzeugungen dieser Art sind sowohl Ursache als auch Wirkung einer Vielzahl von unheilvollen sozialen Prozessen, wie z. B. Verdächtigungen, Feindseligkeit, das Hervorheben von Unterschieden und das Leugnen von Gemeinsamkeiten, der Glaube, dass Lösungen nur durch Herrschaft erreicht werden können und die Tendenz, auf Gewalt und Hinterlist zurückzugreifen. Wenn solche Prozesse erst einmal in Gang gekommen sind, neigen sie dazu, genau die Feindschaft hervorzubringen, vor der man sich gefürchtet hatte. Das hat zur Folge, dass sie leicht als «Beweis» für die offensichtliche Richtigkeit der Überzeugungen, die die eigentliche Ursache dieser Prozesse waren, und für die «Weisheit» und «Vorraussicht» derjenigen, die sie vertreten haben, angesehen werden. Damit zeigt sich wieder einmal die sich-selbst-erfüllende Kraft von Überzeugungen.

ÜBERZEUGUNGEN ÜBER WAFFEN, ÜBER DEN KRIEG UND ÜBER DIE WELT

Es gibt auch gefährliche Annahmen über Verteidigungspolitik und

* Die technische Bezeichnung dafür ist «Null-Summen-Spiel», da sich Gewinne und Verluste insgesamt zu Null addieren. «Variable-Summen-Spiele» andererseits sind nicht in dieser Art begrenzt, und jede Seite kann gewinnen, ohne dass die andere verlieren muss, und in einigen Fällen können auch beide Seiten gleichzeitig gewinnen. Null-Summen-Spiele haben die Tendenz, zu Konkurrenz und Feindschaft zu führen, Variable-Summen-Spiele dagegen zu Neutralität und Kooperation. Wie wir und unsere führenden Politiker mit Beziehungen und besonders mit internationalen Beziehungen umgehen, hängt daher entscheidend davon ab, ob wir sie für Null-Summen- oder Variable-Summen-Spiele halten.

Kriegsführung, die jedoch meistens nicht in Frage gestellt werden. Zahlreiche sehr fragwürdige Überzeugungen liegen den gegenwärtigen nuklearen Strategien zugrunde. Wenn es um die Grösse der nuklearen Arsenale geht, finden wir z. B. Vorstellungen wie: «Es ist unrealistisch zu glauben, dass man Atomwaffen abbauen oder abschaffen kann», «Nukleare Überlegenheit ist möglich», oder «Mehr Waffen geben uns mehr Sicherheit». Andere potentielle selbstmörderische Ideen über den Atomkrieg sind z. B. die Überzeugung, dass «es möglich ist, einen begrenzten Atomkrieg zu führen, ohne dass es zu einem vollen Schlagabtausch kommt» und dass «ein Atomkrieg gewinnbar ist.»[7] Wenn wir uns vor Augen führen, dass ein Anteil von weniger als einer Woche an den Jahresausgaben für Rüstung ausreichen würde, um den Hunger in der Welt zu beseitigen, müssen wir uns die Frage stellen, ob wir wirklich glauben, dass es sich lohnt, für unsere Bewaffnung Hunderte Millionen Menschen Hungers sterben zu lassen.

Auch über den Gesamtzustand der Welt grassieren immer mehr fragwürdige Überzeugungen. Annahmen wie: «Es ist hoffnungslos» und «man kann nichts tun», können, auch wenn sie angesichts der überwältigenden Grösse unserer Probleme verständlich sein mögen, Apathie und Hoffnungslosigkeit verschlimmern und ihre gefährliche sich-selbst-erfüllende Tendenz unter Beweis stellen. Ebenso sind Überzeugungen wie «es gibt nicht genug Nahrung für alle» oder «es ist unmöglich die Nahrung zu den Menschen zu transportieren», nicht nur offenkundig falsch, sondern auch gefährlich.[8]

Offensichtlich sind viele dieser Überzeugungen zumindest fragwürdig und oft auch einander widersprechend. Diese Widersprüchlichkeiten werden meistens durch psychologische Abwehrmechanismen aus dem Bewusstsein verdrängt. Die gleichen Abwehrmechanismen verhindern leider auch eine richtige Einschätzung der Situation der Welt und der angemessenen Reaktion auf diese Situation. Denn wenn wir nicht bereit sind, unsere eigenen Überzeugungen ehrlich zu prüfen, können wir auch die Situation der Welt nicht aufrichtig sehen. Wir vermeiden damit das Risiko zu erkennen, dass die Dinge nicht so sind, wie wir geglaubt haben. Mit diesen Abwehrmechanismen werden wir uns noch beschäftigen. Zunächst wollen wir jedoch untersuchen, welchen Beitrag die Verhaltensmodifikation zu unserer Fragestellung leisten kann.

6 Verstärkung und soziales Lernen

Viele der Bedingungen, die die grössten Gefahren der heutigen Zeit hervorbringen, eröffnen auch faszinierende neue Möglichkeiten.
Alvin Toffler

VERSTÄRKER

Für den Behavioristen lässt sich das Verhalten am besten mit Hilfe der Verstärkung erklären. Wir neigen dazu, das zu tun, wofür wir verstärkt werden und das nicht zu tun, wofür wir bestraft werden. Auf der Grundlage dieser scheinbar einfachen Formel ist es den Behavioristen gelungen, über eine sorgfältige Analyse der Wirkungen verschiedener Arten von Verstärkung eine bemerkenswert genaue und experimentell abgesicherte Beschreibung der Umwelteinflüsse auf das Verhalten zu entwickeln. Sehen wir also, welche Rolle die von ihnen entdeckten Prinzipien bei unseren gegenwärtigen globalen Schwierigkeiten spielen könnten.

Jedes individuelle oder internationale Verhalten stellt eine Entscheidung dar, die auf der erwarteten Belohnung oder Verstärkung beruht. Daraus folgt, dass es möglich sein müsste, unsere gegenwärtigen Schwierigkeiten auf unangemessene soziale, ökonomische und politische Verstärkungsmuster zurückzuführen. Diese Verstärkungsmuster sind natürlich unglaublich komplex, wir können jedoch einige Trends erkennen, die den gesellschaftlichen und internationalen Verstärkern eine gefährliche Richtung gegeben haben.

Ein offensichtlich bedeutsamer Faktor hat mit der unterschiedlichen Wirksamkeit von direkter im Gegensatz zu verzögerter Belohnung zu tun. Dass Verstärkung sehr viel wirksamer ist, wenn sie direkt statt mit Verzögerung gegeben wird, sagt uns schon der gesunde Menschenverstand und ist von den Behavioristen belegt worden.[1] Dieser Unterschied ist deswegen besonders wichtig, weil wir es heute mit Konsequenzen zu tun haben, die langfristiger sind als jemals zuvor.

Viele der Schwierigkeiten, die auf uns zukommen, haben lange Anlaufzeiten, bevor ihre Auswirkungen erkennbar werden. So kann es Jahre dauern, bis eine Verschmutzung toxische Grenzwerte erreicht, noch einmal Jahre bis Krankheiten oder ökologische Störungen erkannt werden und Jahrzehnte, bevor Ursache-Wirkungs-Zusammenhänge erkannt werden. Ebenso mag die Verschwendung kostbarer, nicht erneuerbarer Rohstoffe viele Jahre lang zu keiner ernstzunehmenden Erschöpfung führen. Es dauert vielleicht noch Jahrzehnte, bis die Wälder abgeholzt sind, der fruchtbare Boden zur Wüste verkommen ist, oder der Atommüll in den Zwischenlagern überquillt und schwere Unfälle verursacht.

Doch in dieser Zeit, in der wir mit langfristigeren Konsequenzen als jemals zuvor umgehen müssen, verstärken wir uns selbst und unsere Politiker vor allem für Verhaltensweisen, die kurzfristige Belohnungen garantieren. Nur wenige Politiker waren beispielsweise bereit, die notwendige Gesetzgebung zur Reduzierung des Verbrauchs fossiler Brennstoffe zu unterstützen. Für die meisten wog die direkte persönliche Konsequenz, möglicherweise nicht wiedergewählt zu werden, viel schwerer als die langfristigen, umfassenden Konsequenzen der Rohstofferschöpfung, der Umweltverschmutzung und der ökonomischen Zerrüttung. Mit anderen Worten, die Konsequenzen der Entscheidungen, die wir heute treffen, werden vielleicht erst Jahre, Jahrzehnte oder gar Generationen später spürbar, wenn die Politiker nicht mehr im Amt, die Regierungen abgelöst oder wir selbst aus den Gegenden, die wir verschmutzt, ausgebeutet oder vergiftet haben, weggezogen sind.

Darüber hinaus sind Politiker geographisch und gefühlsmässig oft sehr weit von den Konsequenzen ihrer Entscheidungen entfernt. Politiker können z. B. heutzutage Kriege aus der Sicherheit von Bunkern heraus führen, die Hunderte oder gar Tausende von Meilen von dem

Konfliktherd entfernt sind; sie brauchen nur noch die Knöpfe zu drük-
ken, statt sich im Kampf Mann gegen Mann zu engagieren; sie können
Millionen Menschen hungern lassen, ohne jemals einen Hungernden
zu Gesicht zu bekommen; sie können Gesetze machen, die eine massive Umweltverschmutzung oder ökologische Zerstörung zulassen und
dabei in einer von Klimaanlagen gesteuerten Bequemlichkeit leben.

Zusammenfassend kann man sagen, dass die heutigen komplexen
Gesellschaftsformen häufig dazu führen, dass die Entscheidungsträger
von den Folgen ihrer Entscheidungen losgelöst sind. Wir haben uns,
um es in der Sprache der Soziologen auszudrücken, in Richtung einer
Kultur mit geringer Synergie entwickelt.[2] Der Grad der Synergie ist
dadurch bestimmt, in welchem Ausmass die Entscheidungen des einzelnen gleichzeitig ihm selbst und anderen Vorteile bringen. Je geringer die Synergie in einer Kultur ist, desto stärker sind die Konflikte.

Wenn wir unseren Planeten als eine Ganzheit und die einzelnen
Nationen als Individuen in einer globalen Kultur betrachten, wird
deutlich, dass diese globale Kultur ebenfalls einen sehr geringen Grad
von Synergie aufweist. Die einzelnen Nationalstaaten setzen sich häufig über alle Konventionen hinweg und werden für die Beherrschung
von Rohstoffquellen verstärkt.

Die gegenwärtigen sozialen und ökonomischen Systeme verstärken Verhaltensweisen, die internationale Konflikte heraufbeschwö-
ren.[3] Die Rüstung ist eines dieser Systeme. Das Rüstungsgeschäft ist
ausserordentlich lukrativ; am internationalen Handelsvolumen hat es
einen jährlichen Anteil von etwa 25 bis 35 Milliarden Dollar[4] und
macht bei einigen Ländern einen wesentlichen Anteil ihrer Handelsbi-
lanz aus. Die Hälfte aller Wissenschaftler und Ingenieure der Vereinigten Staaten und weltweit etwa eine halbe Million arbeiten für die Rüstung.[5] Der ökonomische und soziale Status von Millionen Menschen
hängt daher von der Fortführung und ständigen Steigerung der Waf-
fenproduktion und des Waffenhandels ab. Wenn ihnen keine Möglichkeit einer adäquaten Beschäftigung in einem anderen Bereich zur
Verfügung steht, haben also Millionen ein vitales Interesse an einer
Welt, in der immer weiter aufgerüstet wird.

Obwohl sich diese Diskussion in der Hauptsache mit den Faktoren beschäftigt hat, die für Menschen in Machtpositionen als Verstärker wirken, stehen diese Faktoren auch in engem Zusammenhang mit
den Entscheidungen des einzelnen Bürgers. Jede individuelle Entscheidung, die unseren Lebensstil und unsere Verstärkungsmuster be-

trifft, ist Teil einer komplizierten Kette von Verstärkungen, die selektiv ähnliche gesellschaftliche und politische Entscheidungen unterstützen.[6] So führt z. B. unsere Entscheidung, ein Auto zu fahren statt öffentliche Verkehrsmittel zu benutzen, dazu, dass wir einen höheren Benzinbedarf haben; der wiederum verstärkt Versorgungsunternehmen und Politiker dafür, das Angebot zu erhöhen, auch wenn dies langfristig eine Erschöpfung der Vorräte zur Folge hat. «Immer machen wir die Politiker für alles verantwortlich», sagt Erik Dammann, «ohne zu begreifen, dass sie nur in Übereinstimmung mit unseren eigenen Werteinstellungen und Zielen handeln.»[7]

DIE SICHTWEITE DES SOZIALEN LERNENS

Mit der fortschreitenden Entwicklung ihres Fachgebietes erkannten einige Verhaltenstheoretiker die ausserordentliche Bedeutung von sozialen Faktoren für das Lernen, und sie sahen ein, dass man nicht jedes Lernen einfach nur mit Verstärkung erklären kann. Daraus entwickelte sich die Erkenntnis, wie wichtig das Lernen am Modell ist. Menschen sind von Natur aus Nachahmer, und wir lernen durch das, was andere uns zeigen oder modellhaft vorführen. Wir neigen dazu, das, was andere tun, und ganz besonders das, wofür andere belohnt werden, nachzuahmen.

Die Menschen, die wir nachahmen, brauchen nicht einmal anwesend zu sein. Es genügt oft schon, etwas über sie zu lesen oder sie im Fernsehen zu beobachten. Tatsächlich konfrontieren uns die Medien mit einer Vielfalt und einer Intensität des Modellernens, der wir sonst niemals ausgesetzt wären. Theoretiker des sozialen Lernens haben sich daher in steigendem Masse mit den Auswirkungen der Medien beschäftigt, und es steht bereits eine beachtliche Menge an Forschungsergebnissen zur Verfügung.

Die Wirkung der Medien ist ein kompliziertes Problem, das sehr stark mit emotionalen Stellungnahmen befrachtet ist. Auch wenn wir die Emotionen beiseite lassen, wird es wohl kaum jemand anzweifeln, dass die Medien im allgemeinen und ganz besonders das Fernsehen einen enormen und immer weiter anwachsenden psychologischen und gesellschaftlichen Einfluss haben. In den Vereinigten Staaten verbringen Kinder mehr Zeit vor dem Fernseher als mit einem Lehrer,[8] und zwei Drittel der Bevölkerung beziehen den grössten Teil ihrer Informationen aus dem Fernsehen. Eine Befragung von etwa 500 «führenden Persönlichkeiten Amerikas» ergab, dass «man das Fernsehen für die einflussreichste Institution Amerikas hielt ... mit grösseren Einflussmöglichkeiten auf die Wahrnehmungen und Aktivitäten des Landes als der Präsident, der Kongress oder der Oberste Gerichtshof der Vereinigten Staaten.»[9]

Dieser Einfluss ist für Psychologen zu einem immer wichtigeren Forschungsgegenstand geworden; mittlerweile sind über 3000 Untersuchungen zu diesem Thema durchgeführt worden.[10] Wie erwartet, beeinflusst das Fernsehen tatsächlich die intellektuelle und emotionale Entwicklung von Kindern. Es kann aber auch psychologische und verhaltensmässige Veränderungen bei Menschen aller Altersstufen hervorbringen.

Der grösste Teil der Forschung hat sich bisher auf die Auswirkungen des Fernsehens auf den einzelnen Menschen konzentriert. Doch sollten auch die umfassenderen gesellschaftlichen und globalen Probleme erforscht werden, was in letzter Zeit auch in Ansätzen geschehen ist.[11] Nachdem wir die Macht des Modellernens im allgemeinen und durch das Fernsehen im besonderen erkannt haben, kommen wir nicht umhin, die gegenwärtige Programmgestaltung der Medien ernsthaft in Frage zu stellen. Ein einziger Fernsehabend zeigt uns erschreckend deutlich, wie sehr Gewalt und Krieg, die Glorifizierung eines aggressiven und konsumorientierten Lebensstils im Vordergrund stehen, wie sensationslüstern und emotional aufgeheizt die meisten Sendungen sind, und wie sehr jede tiefere Analyse von komplizierten und kontroversen Fragen vermieden wird.

Es gibt zwar lobenswerte Ausnahmen, aber die meisten Fernsehsendungen machen keinen Versuch, die Dringlichkeit und Komplexität unserer gegenwärtigen Weltprobleme adäquat darzustellen. Stattdessen scheinen die Medien grösstenteils wie ein «kulturelles Schlafmittel» zu wirken, das uns zerstreut, mit Trivialitäten beschäftigt, uns in einen Zustand von Gleichgültigkeit und Unbewusstheit versetzt und ein Verhalten fördert, durch welches die so ignorierten Probleme noch verschlimmert werden. Ob wir es schaffen, uns den grossen Problemen unserer Zeit zu stellen, wird zu einem guten Teil davon abhängen, ob wir die Massenmedien dahingehend verändern können, dass sie zu Werkzeugen der durchdachten Informationsvermittlung, der Analyse und der Bewusstseinserweiterung werden, statt wie bisher Instrumente der Zerstreuung und der Verdrängung zu sein.[12]

7 Anschauungen des Ostens

*Die Geschichte der Wissenschaften ist reich an Beispielen dafür, wie
fruchtbar es sein kann, zwei Systeme von Gedanken und Techniken,
die in ganz verschiedenen Zusammenhängen der Wahrheitsfindung
entwickelt worden sind, in Beziehung zueinander zu bringen.*
Robert Oppenheimer

Bis vor nicht allzu langer Zeit waren die Wissenschaftler des
Westens im allgemeinen fest davon überzeugt, dass unsere eigenen
psychologischen Theorien die einzigen seien, die einer ernsthaften Betrachtung wert wären, wohingegen sie die der anderen Kulturen für
wenig mehr als primitiven Aberglauben hielten. Tatsächlich ähnelte
diese Einstellung auf eine unrühmliche Art und Weise derjenigen eines
ersten britischen Gesandten in Indien, der zweifelhaften Ruhm durch
seine Aussage erlangte, er habe es niemals für notwendig gehalten, die
Landessprache zu lernen, da er wisse, dass die Inder nichts von Bedeutung zu sagen hätten.

Während der letzten Jahre ist jedoch das Ausmass unserer Hybris
immer deutlicher geworden. Wir haben die Differenziertheit bestimm-
ter östlicher Psychologien bei weitem unterschätzt,[1] und es ist offensichtlich, dass wir mit ihrer Hilfe wertvolle Erkenntnisse für eine
Psychologie des menschlichen Überlebens gewinnen können. Wenn
wir z. B. die Psychologie des Buddhismus betrachten, sehen wir, dass
sie eine hochentwickelte Analyse vieler Ursachen gesellschaftlichen

und individuellen Leidens bieten kann. Der klassische Buddhismus behauptet, dass man all diese Ursachen auf drei Wurzeln zurückführen kann: die sogenannten «drei Gifte» der Abhängigkeit (Gier oder Anhaftung), der Aversion und der Täuschung.[2]

DIE DREI GIFTE

Für asiatische Psychologen geht der Anwendungsbereich des Begriffes Abhängigkeit weit über jene Objekte hinaus, auf die wir ihn normalerweise begrenzen, wie etwa Drogen und Nahrungsmittel. Sie sagen nämlich, dass Abhängigkeit sich praktisch auf jede Sache, Person oder Erfahrung beziehen kann, also z. B. auf Besitz, Beziehungen, Überzeugungen und Selbstbilder.

Der Abhängigkeit liegt die Überzeugung zugrunde, dass «ich etwas haben muss (Geld, Macht, Ansehen oder was immer), um glücklich zu sein». Sie hat einen mächtigen Einfluss auf die Emotionen und schürt Gefühle wie Eifersucht, Ärger und Frustration. Da sie uns suggeriert, dass die Dinge so und nicht anders sein *müssen*, reduziert sie unsere Flexibilität und Entscheidungsmöglichkeiten. Ausserdem ist sie die eigentliche Ursache von Charaktereigenschaften wie Geiz und hemmungslosem Konsum.

Während Abhängigkeit den zwanghaften Wunsch beinhaltet, etwas zu erleben oder zu besitzen, bedeutet Aversion den zwanghaften Wunsch, etwas zu vermeiden. Die Symptome der Aversion sind Angst, Ärger, Abwehrhaltungen und Aggressivität. Wenn wir das Gefühl haben, dass es Dinge gibt, die wir um jeden Preis vermeiden müssen, dann fürchten wir sie, verteidigen uns gegen sie, werden wütend auf Menschen oder Situationen, die sie hervorbringen, und fühlen uns berechtigt, sie zu attackieren und zu zerstören.

Menschen oder Nationen, die von Abhängigkeit und Aversion bestimmt werden, sind nach dieser Psychologie Sklaven jeder Situation oder Umweltbedingung, da sie ständig angestrengt damit beschäftigt sind, das zu bekommen, was sie sich wünschen, und das zu vermeiden, wovor sie sich fürchten. Für solche Menschen ist das Glück auf jene seltenen Gelegenheiten beschränkt, bei denen die Gegebenheiten der Welt sich gerade einmal so fügen, dass sie mit ihren ganz besonderen Abhängigkeits- und Aversionsmustern übereinstimmen. Ein Drogensüchtiger z. B. hat nur dann seinen Frieden, wenn er seinen «Schuss» bekommt, der Phobiker nur, wenn er die gefürchteten Objekte vermeiden oder zerstören kann usw.

Leider wird daraus ein Teufelskreis, denn wenn man erfolgreich ist und seinen Schuss bekommt (Drogen, Besitz oder Ansehen), oder seinen Angstgegenstand (Schmutz, das Böse, der Kommunismus oder der Kapitalismus) vermeiden oder angreifen kann, dann gibt das nur eine zeitweilige Befriedigung. Es gibt immer noch etwas anderes, das zu wünschen oder zu fürchten bleibt, und der ganze Ablauf stärkt nur weiter das abhängige bzw. aversive Verhaltensmuster und seinen erdrückenden Zugriff.[3]

Wenn Abhängigkeiten oder Aversionen von einzelnen weit verbreitet sind, spiegeln sie sich im Verhalten der Gesellschaft wider. Die Sucht nach materiellem Komfort z. B. führt zu einem Lebensstil, der ein ständig steigendes Konsumniveau erforderlich macht. Dies wiederum erfordert enorme Energie- und Rohstoffimporte, die uns von ausländischen Lieferanten abhängig machen. Infolgedessen entwickeln wir die Bereitschaft, Kriege zu führen, um «unsere vitalen Interessen» im Ausland zu verteidigen. Gandhi sagte: «Die Welt hat genug für die Bedürfnisse jedes Menschen, aber nicht genug für die Gier jedes Menschen.»

Die östlichen Psychologien weisen auch darauf hin, wie abhängig wir von Überzeugungen und Ideologien werden können. Wir haben schon besprochen, welche Macht Überzeugungen haben können, das Verhalten und die Wahrnehmungen zu formen. Wenn dann noch die Macht der Abhängigkeit hinzukommt, wundert es uns nicht mehr so sehr, dass ganze Kulturen nur für ihre Überzeugungen leben, sterben und töten. Die Konfrontation der Supermächte und ihre gegenseitige Bedrohung mit atomarer Vernichtung repräsentiert offensichtlich das Aufeinanderprallen zweier Abhängigkeiten von unterschiedlichen Ideologien. Die Stärke dieser Abhängigkeit bedingt ganz automatisch die Stärke der Aversion, und wir können deutlich erkennen, dass ein grosser Teil der Feindschaft und Aggression in der Welt hier seine Wurzeln hat.

Wenn wir z. B. eine völlig irrationale extreme Aversion gegen den Kommunismus oder den Kapitalismus entwickeln, wird unser Leben von einer zwanghaften Verstrickung in Angst und Hass beherrscht. Wir halten ständig nach den ersten Anzeichen unseres Feindbildes Ausschau, haben Angst, wenn wir sie sehen, und Angst, wenn wir sie nicht sehen, weil sie uns entgangen sein könnten: wir sind allen Fremden gegenüber voller Misstrauen, ja sogar Paranoia, denn sie könnten sich als der gefürchtete Feind entpuppen. Für die Verteidigung sind wir bereit, uns selbst und anderen dringend benötigte Mittel zu entziehen und uns ohne Skrupel mit den zweifelhaftesten Charakteren oder Ländern zu verbünden, wenn sie nur unseren Hass mit uns teilen. Leider erleben wir dies immer wieder, z. B. in der Unterstützung einer Reihe von anti-amerikanischen Diktatoren von seiten der Sowjetunion und in der amerikanischen Unterstützung für Pol Pot, den völkermordenden, aber anti-kommunistischen Kambodschaner, der für die Ermordung von zwei Millionen seiner Landsleute verantwortlich ist.

Kurz, die Aversion manifestiert sich sowohl als Angst als auch als Hass und verursacht einen grossen Teil des Leidens in dieser Welt. Die alten Buddhisten beschrieben sie treffend im Bilde eines sich ausbreitenden und alles verzehrenden «Waldbrandes» und empfahlen, sie sich als «abgestandenen, mit Gift vermischten Urin» vorzustellen.[4]

Auch das dritte der drei Gifte, die Täuschung, hat mit Überzeugungen zu tun. Unser normaler Geisteszustand, sagen die östlichen Psychologien, sei weder optimal noch klar noch völlig rational. Unsere Erfahrung sei vielmehr von unseren Anhängigkeiten, Aversionen und falschen Überzeugungen in ganz wesentlicher, jedoch subtiler und nicht erkannter Art und Weise gefärbt und verzerrt. Da diese Verzerrungen nicht erkannt werden, bilden sie eine Art Illusion (im Osten *Maya* genannt), die jedoch selten als solche gesehen wird, da sie von der gesamten Kultur geteilt wird.

Eine solche Behauptung mag zwar zunächst etwas befremdlich klingen, sie stimmt aber mit dem Denken vieler bedeutender westlicher Psychologen überein. «Wir alle sind durch unsere Kindheit hypnotisiert. Wir nehmen uns selbst und die Welt um uns herum nicht so wahr, wie sie ist, sondern so, wie man uns gelehrt hat, sie zu sehen», sagte Willis Harman von der Stanford Universität.[5] «Du siehst, sehr wenige von uns sind wirklich wach. Ich würde sagen, die Mehrheit der Menschen von heute lebt tatsächlich in Trance», behauptet Fritz Perls, der Begründer der Gestalttherapie.[6] In den letzten Jahren sind diese Behauptungen auch von experimentellen Untersuchungen bestätigt worden.[7]

Östliche und westliche Psychologien sind sich also darin einig, dass unser normaler Geisteszustand wohl nicht so klar oder logisch ist, wie wir gerne glauben möchten. Welchen Preis wir dafür zahlen müssen, wird vielleicht am deutlichsten in einer Aussage des Existentialisten Ernest Becker:

> Wenn ich die kürzestmögliche Erklärung für all das Böse, das der Mensch sich selbst und seiner Welt angetan hat, beibringen sollte, würde ich sagen, es ist *der Tribut, den es für die Vortäuschung geistiger Gesundheit zahlen muss*, während er versucht, seine wahre Situation zu verleugnen.[8]

Östliche Psychologien würden voll und ganz zustimmen. Diese Lehren des Ostens werden mehr und mehr von westlichen Forschern aufgegriffen und untersucht.[9] Was immer sie für Schlussfolgerungen daraus ziehen mögen, es ist kaum zu leugnen, dass man vieles in der Welt und in unserem Verhalten nur als eine Störung des Geistes ansehen kann. «Die Welt schwankt am Rande der Verrücktheit», lautete kürzlich die krasse Schlagzeile einer Veröffentlichung der «American Psychological Association», die über die Ergebnisse des «World Congress on Mental Health» berichtete.[10] Die östlichen Psychologien würden sich dieser Meinung gewiss anschließen und darauf hinweisen, dass die Erkenntnis dieser Verrücktheit die Voraussetzung für ihre Heilung und für die Linderung der lebensbedrohenden globalen Symptome ist, die sie hervorgebracht hat. Vielleicht sind wir erst jetzt bereit, unsere Abhängigkeiten, Aversionen und Täuschungen in ihrem vollen Ausmass und in ihrer ganzen Destruktivität zu erkennen, nachdem sie uns an den Rand der Vernichtung gebracht haben.

DUALISTISCHES DENKEN UND WAHRNEHMEN

> Menschen werden nicht durch Dinge gepeinigt, sondern durch die Anschauung, die sie sich von ihnen bilden.
> *Epictetus*

Es ist wohl deutlich geworden, dass die drei Gifte des klassischen Buddhismus wertvolle Einsichten in unser gegenwärtiges Dilemma vermitteln können. Aber es gibt noch einen anderen Faktor, der von mehreren östlichen Psychologien behandelt wird. Dieser Faktor ist der Dualismus, die Fixierung darauf, alles und jedes vor allem in Begriffen von Gegensätzen aufzufassen und zu begreifen: gut und schlecht, schwarz und weiss, Insider und Outsider, wir und die anderen.

Nicht dass der Dualismus notwendigerweise schlecht wäre; natürlich brauchen wir den Dualismus, weil wir in der Lage sein müssen, Gegensätze zu erkennen. Das Problem ist, dass wir dazu neigen, uns auf diese besondere Sichtweise *festzulegen*. Und Schwierigkeiten bekommen wir dann, wenn wir nur noch Gegensätze sehen und die ihnen zugrundeliegende Gemeinsamkeit und Einheit vergessen. Dann sehen wir nicht einen Planeten, sondern nur konkurrierende Nationen, nicht die Menschheit, sondern nur Kommunisten und Kapitalisten, Männer und Frauen, Schwarze und Weisse; nicht wir, sondern ich und die anderen; nicht Menschen mit gemeinsamen menschlichen Eigenschaften, sondern «Gute» und «Böse».

Wie würdest du das, was die obige Zeichnung darstellt, beschreiben? Richtig, da sind zwei Quadrate, eins rechts und eins links. Aber nun sieh dir die folgende Zeichnung an! Was stellt sie dar? Ein Rechteck? Richtig!

Aber das war doch in der ersten Zeichnung auch schon vorhanden! Wir neigen dazu, es nicht zu bemerken, da wir uns auf den Dualismus oder den Gegensatz des linken und des rechten Quadrates konzentrieren. Wir übersehen sehr leicht die Ganzheit oder Einheit, die ihnen zugrundeliegt, und aus der sie gestaltet werden.

Jetzt achte noch auf etwas anderes bei der ersten Zeichnung. Es gibt kein linkes Quadrat ohne ein rechtes Quadrat und umgekehrt. Man kann ein Paar von Gegensätzen nur aus einer Einheit heraus gestalten. Versuche einmal, dir eine linke Seite ohne eine rechte Seite vorzustellen. Es ist unmöglich, auf magische Weise nur die eine Seite eines Gegensatzes zu erschaffen. Die beiden Seiten hängen voneinander ab, sie bedingen sich gegenseitig. Es kann keine linke Seiten ohne rechte Seiten, keine Insider ohne Outsider geben. Wenn du einige Leute als die Guten sehen möchtest, musst du andere als die Bösen ansehen; wenn du mich darauf festlegst, der Intelligente in unserer Beziehung zu sein, musst du auf irgendeine Art der Dumme sein. Je intelligenter ich erscheinen soll, desto dümmer musst du dich selbst machen. Je mehr ich dich vorwiegend als dumm sehe, desto weniger kann ich unser gemeinsames Menschsein sehen oder die Tatsache erkennen, dass wir beide zusammen uns zu einem vollständigen Paar ergänzen. Die chinesischen Taoisten waren sich dieser Gesetzmässigkeiten sehr bewusst und symbolisierten sie in ihrem berühmten Yin-Yang Symbol.

Beachte, dass die beiden Hälften gegensätzlich und in ihrer Existenz voneinander abhängig sind (entfernt man die eine, verschwindet die andere). Ausserdem sind sie komplementär (die eine hat, was der anderen fehlt; je dunkler und grösser die eine wird, desto heller und kleiner erscheint die andere). Sie sind auch komplementär, da sie Teile eines zugrundeliegenden Ganzen sind; zusammen bilden sie den vollkommenen Kreis.

Um es noch einmal zusammenzufassen: die psychologischen Schulen des Ostens sagen, dass ein Hauptgrund für unsere Probleme, sowohl der individuellen wie der globalen, in der Festlegung auf dualistische Anschauungen liegt. Diese Festlegung bedeutet, dass wir dazu neigen, die Ganzheit, Einheit und Gemeinsamkeit, die allen scheinbaren Gegensätzen zugrundeliegt, aus den Augen zu verlieren. Darüber hinaus vergessen wir, dass die Gegensätze zum Teil durch unsere Sichtweise geschaffen werden, und dass sie komplementär und in ihrer Existenz voneinander abhängig sind.

Aber damit fangen unsere Schwierigkeiten erst an. Sobald wir eine Dualität, ein Gegensatzpaar wahrgenommen haben, ist es uns kaum möglich, nicht die eine Hälfte abzuwerten und eine Abneigung gegen sie zu entwickeln und die andere Hälfte positiv zu bewerten und abhängig von ihr zu werden. Die eine Hälfte ist gut, die andere schlecht; eine Seite ist richtig, die andere notwendigerweise falsch; die eine Hälfte ist rein, die andere böse, usw. Je stärker unsere Zuneigung zur einen Seite ist, desto stärker wird unsere Abneigung gegen die andere sein und umgekehrt.

Wenn wir davon abhängig sind, dass sich die Dinge auf eine bestimmte Art und Weise entwickeln, führt das dazu, dass wir eine Abneigung gegen andere Möglichkeiten entwickeln. Ebenso bedeutet es, dass wir die zugrundeliegende Gemeinsamkeit, aus der die gegensätzlichen Hälften gebildet wurden, und ihr gegenseitiges Sich-Bedingen aus den Augen verlieren. In diesem Stadium werden wir vermutlich auch vergessen, dass es zum Teil von unserer Entscheidung abhängt, ob wir Gegensätzlichkeit oder Komplementarität wahrnehmen.

Diese Fixierung auf eine dualistische Sichtweise ist der Kern eines jeden Konflikts und ein perfektes Rezept für den Krieg.[11] Denn wie könnten wir Krieg führen, wenn wir uns nicht auf die Unterschiede zwischen uns und unseren «Feinden» konzentrieren würden, auf unsere guten Eigenschaften und auf ihre schlechten, auf ihre bösen Absichten und auf unsere Güte. Und wie können wir angreifen, wenn wir nicht, indem wir uns auf unsere Unterschiede konzentrieren, unsere Ähnlichkeiten und unser gemeinsames Menschsein übersehen würden. Könnte eine von Krieg und Konflikten heimgesuchte Welt wie die unsere existieren, wenn wir nicht in unserer Wahrnehmung dieser Welt ständig Menschen als anders und schlechter ansähen, statt als Menschen wie wir selbst? Die östlichen Psychologien sagen nein. Einer der frühen Zen-Meister fasste dies vor über tausend Jahren in folgende Worte:

Sind Liebe (Abhängigkeit) und Hass abwesend,
wird alles klar und unverstellt.
Machst du jedoch die kleinste Unterscheidung,
sind Himmel und Erde unendlich weit getrennt...
Das, was du liebst, zu stellen gegen das, was dir zuwider,
das ist die Krankheit unseres Geistes...
Sei klar und heiter in der Einheit aller Dinge,
und falsche Ansichten wie diese verschwinden wie von selbst.[13]

Die modernen Wissenschaften sind vielleicht nicht gerade heiter, aber sie nähern sich immer mehr der Erkenntnis der Einheit aller Dinge, und mit dieser Einheit verschwinden in der Tat einige falsche Ansichten. Die alte Vorliebe dafür, die Welt und uns selbst als getrennte Teile zu sehen, macht langsam einer Sichtweise Platz, in der alle Dinge miteinander verbunden und voneinander abhängige Komponenten eines grösseren Ganzen sind. «Wenn man es ganz genau nimmt, muss man das gesamte Universum als eine einzige, unteilbare Einheit betrachten», sagt die moderne Physik.[13]

Ein Ansatz zu dieser neuen Sichtweise wird «allgemeine Systemtheorie» genannt. Diese hat einen starken Einfluss auf das Denken der Gegenwart. Der Anthropologe Gregory Bateson nannte sie «den grössten Biss vom Baum der Erkenntnis in den letzten zweitausend Jahren».[14]

In der allgemeinen Systemtheorie spiegeln sich uralte Weisheiten wider: «Wir sind nicht allein oder getrennt»; «Wir sind nicht von der Natur und von unseren Mitmenschen abgesondert»; «alles, was wir tun, beeinflusst alles andere.» Je weniger wir diese wechselseitige Bedingtheit und Verbundenheit erkennen, desto mehr fühlen wir uns entfremdet, werden ökologisch unsensibel und laufen Gefahr, uns in Konflikte mit «anderen» zu verwickeln. Unsere gegenwärtige weltweite Krise macht diese Tatsache erschreckend deutlich. «Indem sie uns mit der Möglichkeit des Aussterbens unserer Gattung konfrontiert, zeigt sie uns die selbstmörderischen Tendenzen, die in unserem Selbstkonzept als getrennte und konkurrierende Wesen stecken, und treibt uns dazu, uns unserer gemeinsamen Existenz bewusst zu werden.»[15]

8   Angst und Abwehr

Da Kriege im Bewusstsein der Menschen beginnen, müssen wir auch
im Bewusstsein der Menschen die Fundamente des Friedens legen.
Charta der UNESCO

ABWEHRMECHANISMEN

Abwehrmechanismen bilden aus psychodynamischer Sicht den Kern
der individuellen Psychopathologie. Das Konzept der Abwehrmechanismen bietet uns sowohl auf der individuellen als auch auf der gesellschaftlichen Ebene reiche Einsichten in viele Aspekte unseres gegenwärtigen Dilemmas. Warum das so ist, wird deutlich, wenn wir uns
erinnern, dass viele der Probleme aus einem Mangel an Bewusstsein
über die wahren Zusammenhänge resultieren, und dass Abwehrmechanismen über eine Reduzierung und Verzerrung des Bewusstseins
funktionieren.[1] Darüber hinaus bringen Abwehrmechanismen oft genau das hervor, zu dessen Abwehr sie entwickelt wurden. Wenn wir
uns gegen ein Gefühl von Schwäche und Unsicherheit wehren, dann
bestärkt diese Abwehr unsere Überzeugung von der Realität dieser
Schwäche.

Abwehrmechanismen, die mir für eine Diskussion der globalen
Schwierigkeiten besonders relevant erscheinen, sind Verdrängung,
Verleugnung, Projektion, Intellektualisierung und Rationalisierung.

79

T. S. Eliot sagte einmal: «Die Menschheit kann nicht sehr viel Realität ertragen»; Verdrängung und Verleugnung sind die Krücken, die uns dabei helfen, sie zu umgehen. Für Leute, die in diesem Bereich arbeiten, ist es eine unerschöpfliche Quelle der Verzweiflung zu erkennen, wie schwer es ist, ein Bewusstsein über den wahren Zustand der Welt aufrechtzuerhalten.[2] «Ich denke besser nicht darüber nach», «es wird schon nicht so schlimm sein», oder «es wird sich schon irgendwie einrenken», lauten einige der Äusserungen, in denen Verdrängung und Verleugnung zum Ausdruck kommt. Das Ergebnis ist eine «Vogel-Strauss-Politik», die uns betäubt und unsere Motivation richtig zu handeln untergräbt.

Aber die Mechanismen der Verdrängung und der Verleugnung erstrecken sich auch noch auf andere Bereiche. Wir möchten nicht nur den Zustand der Welt verleugnen, sondern auch unseren Anteil daran, dass es so weit gekommen ist. Daher setzen wir den Mechanismus der Projektion ein, um anderen die unerkannten Aspekte unseres Selbstbildes und unserer Motive (was Jungianer den «Schatten» nennen) zuzuschreiben und damit ein «Feindbild» zu schaffen.[3]

Dieses Bild ist meistens stereotyp und wie ein Spiegel. Unabhängig davon, wer gerade die «Feinde» sind – die Deutschen oder die Engländer, die Russen oder die Amerikaner – werden ihnen ähnliche stereotype Eigenschaften und Motive zugeschrieben. Diese Wahrnehmungen sind wie Spiegel, da Feinde dazu neigen, einander auf ähnliche Weise zu sehen, d. h. man wirft den anderen Feindseligkeit und mangelnde Vertrauenswürdigkeit vor und sieht sich selbst als wohlwollend und voller guter Absichten. Dieser Vorgang verschlimmert sich noch durch ein Phänomen, das in dem biblischen Gleichnis vom Splitter im Auge des anderen und dem Balken im eigenen Auge veranschaulicht wird. Es besteht darin, dass wir die Fehler der anderen mit kristallklarer Deutlichkeit wahrnehmen, während wir unsere eigenen irgendwie übersehen. Ausserdem greifen wir oft das bei anderen an, was wir bei uns selbst verleugnen.[4] Dieses Verhalten wirkt sich auf der internationalen Ebene genauso destruktiv aus wie im zwischenmenschlichen Bereich.

Unserer «Neigung zur Konsistenz» ist es zuzuschreiben, dass dieses Feindbild durch selektive Wahrnehmung und andere Abwehrmechanismen aufrechterhalten wird.[5] Das Verhalten des «Feindes» wird auf eine Art interpretiert, die mit dem Bild konsistent bzw. in Übereinstimmung ist, was dazu führt, dass wir ihnen ständig negative Absichten unterstellen und sogar Angebote, die Feindseligkeit abbauen sollen, nur als Täuschungsversuche werten. Und da wir ausserdem wissen, wie moralisch hochstehend und richtig unsere eigenen Motive sind, können wir in der Tatsache, dass unsere Feinde dies nicht anerkennen, und uns sogar ihre üblen Absichten zuschreiben, nur einen weiteren Beweis ihrer Falschheit sehen.[6]

Das Resultat ist eine klassische paranoide Beziehung. Was mit Abwehrmechanismen wie Verdrängung und Projektion begann, verschlimmert sich jetzt immer weiter durch sich-selbst-erfüllende Erwartungen und eskalierende Verdächtigungen, durch Abwehrhaltung und Feindseligkeit.

Wenn diese Verzerrungen und paranoiden Wahrnehmungen erst einmal etabliert sind, lösen sie ein leicht ängstliches und abwehrendes Verhalten aus, welches leider nur zu oft unmoralisch und aggressiv ist. In diesem Fall bedarf der Widerspruch zwischen unserem moralisch aufrichtigen Selbstbild und dem weniger moralischen Verhalten einer Erklärung. Hier kommt uns dann der Abwehrmechanismus der Rationalisierung zur Hilfe und produziert Äusserungen wie: «Wir mussten es tun,» «es gab keine andere Möglichkeit,» oder «es ist zu ihrem eigenen Besten.» In den extremsten Beispielen der Rationalisierung wird der Feind entmenschlicht, indem er als «nicht ganz vollwertiger Mensch» oder als «Tier» gesehen wird.

Mit dieser Diskussion will ich nicht behaupten, dass in dieser Welt ein Mangel bestünde an Regierungen, die manchmal aggressiv und unaufrichtig sind. Ich möchte einfach nur darauf hinweisen, dass die Situation meistens bei weitem nicht der Schwarz-Weiss-Malerei entspricht, in der wir sie oft darstellen, und dass die Wahrnehmungen auf der internationalen Ebene durch eine Vielzahl von psychologischen Mechanismen verzerrt werden können, die, wenn sie erst einmal in Gang gesetzt sind, die Tendenz haben, eine Eigendynamik von tödlicher Unerbittlichkeit zu bekommen.[7]

Rationalisierung spielt auch in Zusammenhang mit anderen globalen Problemen eine Rolle. Wenn wir mit der unbequemen Erkenntnis der ungeheuren Diskrepanz zwischen unserem eigenen Lebensstil und dem der Armen dieser Welt konfrontiert werden, fühlen wir uns gedrängt, die Ungleichheit und unser Unvermögen, sie zu mildern, auf irgendeine Weise zu rechtfertigen. Ein Ausdruck dessen ist das sogenannte «Gerechte-Welt-Syndrom», das annimmt, dass die Welt im Grunde gerecht ist, und dass das Leiden der Armen daher deren eigenem Unvermögen entspringen muss. Häufige Beispiele dafür sind: «Es ist doch ihre eigene Dummheit, dass sie so viele Kinder haben», «sie könnten ihre Probleme lösen, wenn sie nur wollten», oder «sie sind einfach zu faul zum arbeiten.»

Eine andere übliche Rationalisierung ist die, dass wir selbst zu arm sind, um anderen helfen zu können, obwohl unsere «Armut» nach den Massstäben der wirklich Armen einen ungeheuren Reichtum bedeutet. Ein klassisches Beispiel dafür fand ich in einem Brief, den ich von einem Kongressabgeordneten erhielt. Darin hiess es: «Wir können es uns nicht leisten, mehr Programme für die Ernährung der Armen der Welt zu starten; ebensowenig können wir es uns leisten, die Verteidigungsausgaben zu reduzieren.»

Psychoanalytiker wie Buddhisten haben deutlich gemacht, dass Abwehrmechanismen die Funktion haben, das Leiden, unser eigenes wie das Leiden in der Welt, von unserem Bewusstsein fernzuhalten. Wenn wir gezwungen sind, uns mit diesem Leiden auseinanderzusetzen, können wir seine emotionale Wirkung durch den Mechanismus der Intellektualisierung vermindern. Damit ist der Vorgang gemeint, über emotional aufgeladene Fragen in abstrakten, emotionslosen Begriffen zu denken und zu sprechen. Der Krieg liefert dafür oft erschreckende Beispiele, und «in der Sprache der Militärwissenschaften kommt das Töten von Menschen und die Verursachung von Leid niemals vor».[8]

Dieser Abwehrmechanismus hat bei Atomstrategen neue Höhepunkte der Ausgeklügeltheit erreicht; ihre «Atomsprache» ist «ein befremdendes und blutleeres Instrument, mit dessen Hilfe sich die Planer des Atomkriegs die Realität ihrer Handlungen vom Leibe halten».[9] Abstrakte Diskussionen über Wiedereintrittsträgersysteme (Raketensprengköpfe), «Gegenwert» (die Zerstörung von Städten) und «Begleitschäden» (Tötung von Zivilisten) erleichtern die Ausarbeitung von Plänen, die realistisch betrachtet, strategische Methoden sind, um mehr Tote und mehr Zerstörung zu produzieren, als es jemals in allen menschlichen Konflikten gegeben hat.

Alljährlich wird von der nationalen Vereinigung der Englischlehrer der amerikanische «Preis für Doppeldeutigkeit» an Personen des öffentlichen Lebens verliehen, deren Sprache in «grober Weise täuschend, ausweichend, beschönigend, verwirrend oder widersprüchlich» war. Ein wohlverdienter Preis ging 1983 an einen Luftwaffenoberst, der die Titan II Rakete, die normalerweise einen Neun-Megatonnen-Sprengkopf trägt, als ein «potentiell hochexplosives Wiedereintrittssystem» beschrieben hatte.

Ich glaube, dass die folgenden Worte von Konfuzius, die er vor über 2000 Jahren gesagt hat, immer noch wahr sind: «Wenn die Namen nicht richtig sind, ist die Sprache nicht in Übereinstimmung mit der Wahrheit der Dinge. Wenn die Sprache nicht in Übereinstimmung mit der Wahrheit der Dinge ist, können die Angelegenheiten nicht zum Erfolg geführt werden.»[10]

Das Endergebnis all dieser Abwehrmechanismen ist «psychische Abstumpfung».[11] Dies ist eine Betäubung des Bewusstseins, die die Realität der Welt (und unserer eigenen Person) verleugnet und sie durch verzerrte, unserem Vorteil dienende Illusionen ersetzt, die unsere falschen Wahrnehmungen und Täuschungen rechtfertigen, unsere Abhängigkeiten und Aversionen anheizen, uns von anderen trennen und entfremden und die Probleme, zu deren Verleugnung wir sie geschaffen haben, weiter verschlimmern.

ANGST

Wenn wir diese Abwehrhaltungen, Verzerrungen, Abhängigkeiten und Aversionen näher untersuchen, können wir erkennen, dass sie ungeschickte Versuche sind, mit der Angst umzugehen. Aus dieser Perspektive erscheinen uns die gegenwärtigen internationalen und atomaren Bedrohungen als Ausdrucksformen der Angst: Angst vor dem Angriff, Angst um unser Überleben, Angst vor dem Verlust unseres Komforts, unseres Lebensstils, unserer Ideologien und unserer ökonomischen Absicherung.

Es ist von entscheidender Bedeutung, dass wir den Teufelskreis, der hier am Werk ist, erkennen: Angst führt zu falschen Wahrnehmungen, Abwehrhaltungen, zur Anhäufung von Waffen und zu Drohgebärden. Dies führt zu noch mehr Angst, welche wiederum die Abwehr schürt. Das Ergebnis ist ein eskalierender Kreislauf von Angst und Abwehr, der immer stärkere Reaktionen herausfordert. Die Milliarden von Dollar, die täglich für Waffen ausgegeben werden, die Tausende von Atomwaffen und die Millionen von Soldaten, die immer in Bereitschaft gehalten werden, sind Ausdrucksformen der Angst – Ausdrucksformen, die immer mehr Angst erzeugen, und die immer mehr Abwehr fordern.

9 «Gibt es überhaupt Erwachsene?» Psychologische und soziale Unreife

Es steht für mich ausser Zweifel, dass die meisten Menschen in körperlicher, intellektueller und moralischer Hinsicht nur einen sehr beschränkten Ausschnitt ihres möglichen Wesens leben. Sie benutzen lediglich einen sehr kleinen Teil ihres Bewusstseins ... fast so, als würde ein Mensch, dem die Ganzheit seines körperlichen Organismus zur Verfügung steht, die Gewohnheit entwickeln, nur noch seinen kleinen Finger zu gebrauchen und zu bewegen ... Wir alle könnten Quellen des Lebens in uns erschliessen, von denen wir uns nicht träumen lassen.

William James

Angst, Gier, Aversion, Unwissenheit, mangelnde Bereitschaft zum Triebaufschub, Abwehrhaltungen und Unbewusstheit – all das sind Kennzeichen psychologischer Unreife. Sie weisen darauf hin, dass die globalen Krisen mehr ausdrücken als nur die grobe Psychopathologie etwa eines Hitler. Sie sind ebenso ein Ausdruck der Myriaden von Formen psychologischer Unreife, mangelnder Authentität und versäumter Selbstverwirklichung. Am deutlichsten wird dies wohl in der Politik, wo Entscheidungen von ungeheurer Tragweite von persönlichen Unsicherheiten, Charakterschwächen und zwischenmenschlichen Eifersüchteleien bestimmt sein können.[1]

Im normalen, alltäglichen Leben wird individuelle Unreife meistens nicht als etwas aussergewöhnliches angesehen. «Was wir in der Psychologie «normal» nennen, ist im Grunde die Psychopathologie des Durchschnitts, etwas, das so undramatisch und weitverbreitet ist, dass wir es im allgemeinen gar nicht bemerken», sagte Abraham Maslow, der sogenannte Vater der humanistischen Psychologie.[2] Wir erkennen diese Unreife nicht, weil wir eigentlich alle in der einen oder anderen Form daran teilhaben, und weil ihre Wirkung normalerweise auf unsere direkten Kontakte beschränkt ist.*

Versehen mit der ungeheuren Hebelkraft unserer technologischen und organisatorischen Macht, können die Wirkungen dieser Unreife in buchstäblich welterschütternde Dimensionen ausarten. Durch diesen Machtzuwachs ist die Welt zu einem Feedback-System geworden, in dem unsere Unreife und mangelnde Authentizität «in Grossformat» erscheint und auf uns zurückgeworfen wird.

Das, was wir auf der individuellen Ebene finden, gilt auch auf der gesellschaftlichen Ebene. Die Ängste, Illusionen und Abwehrhaltungen, die unsere globale Krise hervorbringen, sind nicht nur ein Abbild individueller Unreife, sondern scheinen auch kulturelle Unreife und Pathologie widerzuspiegeln. Unsere gesellschaftlichen Ziele, Werte und Normen scheinen einerseits von diesen individuellen Ängsten, Illusionen und Abwehrhaltungen geschaffen zu werden, sie scheinen diese aber andererseits auch wieder zu verstärken.

Aus dieser Perspektive betrachtet, stellt die Kultur nicht nur eine Kraft der Bildung und der Evolution dar, sondern auch eine gemeinschaftliche Verschwörung gegen Selbsterkenntnis und psychologisches Wachstum, bei der wir alle unter einer Decke stecken, um unsere Abwehr und unsere Illusionen zu schützen. Diese Aussage klingt vielleicht extrem, ist aber nicht neu; seit Jahren wird sie von Psychologen immer wieder vorgebracht. «Die Funktion der Gesellschaft besteht nicht nur darin, unserem Bewusstsein Fiktionen einzutrichtern, sondern auch ein Bewusstsein der Realität zu verhindern», sagte Erich Fromm.[3] Andere sehen in der Kultur eine kollektive Hypnose,[5] oder ein System, das gleichermassen Ersatzbefriedigungen fördern kann wie Authentizität und Reife.[6]

Ich könnte noch weitere Beispiele anführen, aber ihr gemeinsamer Nenner ist wohl schon deutlich geworden. Die Bedrohungen für unser Überleben können auf psychologische und gesellschaftliche Unreife,

---

* Diese weitverbreitete Unreife ist nicht nur eine theoretische Vorstellung. Sie ist wiederholt durch Forschungsergebnisse bestätigt worden, die zeigen, dass die meisten von uns von einer vollen Verwirklichung unseres psychologischen Potentials weit entfernt sind. Nur sehr wenige Menschen haben z. B. in ihrer Ich-Entwicklung ein wirklich reifes Niveau erreicht. Ein ähnliches Ergebnis zeigt, dass nur zwei Prozent der Bevölkerung in ihren Handlungen von der sechsten (der zweithöchsten) Stufe der Kohlbergschen Skala der moralischen Entwicklung bestimmt werden, und dass Menschen, die die höchste Stufe erreichen, ausserordentlich selten sind.

Unechtheit und Pathologie zurückgeführt werden. Diese wird einerseits geschaffen und andererseits zum Ausdruck gebracht durch Symptome wie falsche Überzeugungen, Angst, Abwehr usw., die wir bereits untersucht haben. In Zukunft wird es nötig sein, mehr Aufmerksamkeit für die gesellschaftlichen Faktoren aufzubringen, die eine wichtige Rolle bei der Verursachung und bei der Lösung der weltweiten Probleme spielen. Da wirksame Veränderungen jedoch beim einzelnen beginnen müssen, liegt das Schwergewicht dieses Buches auf der Psychologie des Individuums.

Wenn Unreife eine Ursache für unsere Schwierigkeiten ist, dann hängt vielleicht unser Überleben von unserer individuellen und kollektiven Reifung ab. Feedback ist ein wesentlicher Aspekt des Lernens, und so stellt sich uns die Frage, ob wir, richtig eingesetzt, das globale Feedback unserer Zeit nicht zur Beschleunigung unserer Reifung nutzen können. Diese entscheidende Frage wird im nächsten Abschnitt im Detail besprochen.

ZUSAMMENFASSUNG

Zusammenfassend lässt sich sagen, dass die Krisen, mit denen wir es heute zu tun haben, zwar in ihrem Umfang, ihrer Komplexität, ihrer Dringlichkeit und ihren katastrophalen Möglichkeiten beispiellos sind, dass sie aber alle in psychologischen Ursachen und Mechanismen ihre Wurzeln haben.

Diese Ursachen – obwohl in sich komplex und von politischen, gesellschaftlichen und ökonomischen Faktoren verstärkt – entspringen letztlich unserer eigenen Psyche. Der Zustand der Welt ist also, mit anderen Worten, ein Abbild des Zustands unserer Psyche, und aus diesem Grund müssen wir die Ursachen für unser gegenwärtiges Dilemma in uns selbst suchen.

Eine psychologische Betrachtung scheint daher wertvolle und neue Einsichten in unsere gegenwärtige Situation zu versprechen. Darüber hinaus kann sie vielleicht auch andere Ansätze ergänzen und unterstützen, die die globalen Probleme z. B. mit ökonomischen oder politischen Ursachen erklären.

Wenn unsere Schwierigkeiten psychologischen Ursprungs sind, dann ist es nur logisch, dass jede wirkliche Lösung diese psychologische Dimension mit einschliessen muss. Dies ist die Grundannahme, auf der die folgende Diskussion und die Idee einer Psychologie des menschlichen Überlebens überhaupt beruht.

> Es ist der Geist, der gut und schlecht bestimmt,
> der über elend und glücklich, reich oder arm entscheidet.
> *Edmund Spenser*

Teil 3
Wie heilt man einen Planeten?

10 Globale Therapie

*Von nun an kann die Menschheit nur noch durch eine bewusste
Entscheidung und eine darauf aufbauende, gut durchdachte Politik
überleben.*
Papst Johannes Paul II.

Können wir unser psychologisches Verständnis auf die Krisen unserer Zeit anwenden und zu wirksamen Therapeuten für die
Welt werden? Zunächst mag uns eine solche Idee in ihrer Überheblichkeit vielleicht lächerlich erscheinen oder naiv in ihrer Überzeugtheit,
dass jeder, und ausgerechnet auch noch Staatschefs, auf uns hören
würden, und reichlich idealistisch in ihrem Optimismus. Zynismus und
Verzweiflung scheinen uns realistischere Reaktionen zu sein. Zynismus und Verzweiflung gehören jedoch mit zu den Ursachen unserer
Probleme und müssen daher selbst zum Gegenstand psychologischer
Untersuchungen gemacht werden, wenn wir aus der Lähmung herausfinden und eine sinnvolle Arbeit leisten wollen.[1]

Ja, es ist richtig, wir können nicht wissen, ob wir Erfolg haben werden. Ebenso richtig ist, dass unsere grössten Anstrengungen, vergli-
chen mit dem ungeheuerlichen Ausmass der Unwissenheit, der Täuschung und des Leidens in der Welt, bedeutungslos erscheinen mögen.
Weiterhin ist es richtig, dass es leichter zu sein scheint, den Problemen
aus dem Weg zu gehen und sich bereitwillig der «Beruhigung durch die

Beschäftigung mit dem Trivalen» hinzugeben, die in unserer Kultur so vielfältig angeboten wird. Aber es ist auch richtig, dass man dieser Beruhigung nur nachgeben kann auf Kosten persönlicher Authentizität und Zufriedenheit und, wenn genügend Menschen diese Entscheidung treffen, vielleicht auch auf Kosten unseres Planeten und unserer Gattung.

Der Versuch, unsere globalen Krisen zu mildern, wird also wohl ein Eingeständnis unserer Grenzen von uns fordern; den Versuch nicht zu machen, wird jedoch weit mehr von uns fordern. «So ziemlich alles, was du tust, wird dir unbedeutend erscheinen, aber es ist sehr wichtig, dass du es tust», sagte Gandhi. Stellen wir uns daher den Ängsten der Hybris und der Hoffnungslosigkeit und suchen wir einen Weg, um unsere Fähigkeiten auf der globalen Ebene nutzbringend einzusetzen. Halten wir uns an Erich Fromm, der im letzten Interview seines Lebens sagte: «Wir dürfen nicht aufgeben ... wir müssen alles versuchen, um die Katastrophe abzuwenden.»[2]

Vielleicht kann es uns weiterhelfen, das Problem anhand eines vertrauten Beispiels, nämlich einer Familie, zu betrachten. Stellen wir uns also eine Familie vor, in der die Eltern in dauerndem Streit miteinander liegen, sich ständig vom anderen verfolgt fühlen, damit drohen, den anderen zu töten, und ihre beschränkten Mittel für Waffen verschwenden, während um sie herum ihre Kinder und Verwandten krank sind, leiden, hungern und sterben. Jeder von uns würde das als eine untragbare Situation ansehen, die sofortiges Handeln erfordert. Man würde wahrscheinlich sogar jeden, der nicht eingreifen würde, für mitleidlos und unmoralisch halten. Aber dies ist der Zustand, in dem sich unsere Menschheitsfamilie heute befindet, und Mitleid, Moral und Eigeninteresse verlangen von uns, jede im Rahmen unserer Möglichkeiten liegende Hilfe zu leisten. Ich will natürlich nicht abstreiten, dass die globale Situation sehr viel komplexer ist und dass man nur in begrenztem Masse von Familien auf Nationen schliessen kann.* Wir müssen jedoch irgendwo anfangen, und es ist durchaus sinnvoll, zunächst vom

---

* Ich will damit auch nicht behaupten, dass man Nationen einfach wie ein Individuum oder eine Familie in grösserem Massstab betrachten kann, und dass man das gesamte nationale und internationale Verhalten nur in Begriffen der Psychologie und des Verhaltens von Individuen erklären kann (Reduktionismus). Ich möchte lediglich darauf hinweisen, dass es vielleicht von entscheidender Bedeutung für unser Überleben ist, die psychologischen Faktoren zu verstehen, die Individuen dazu veranlassen, sich auf eine Art und Weise zu verhalten, die entweder globale Probleme erzeugen oder aber korrigieren kann.

Einfachen auf das Komplexe zu schliessen. Versuchen wir also, aus der Anwendung der an diesem Beispiel gefundenen psychologischen Einsichten wirksame therapeutische Massnahmen zur Linderung der globalen Krisen zu entwickeln.

Das Folgende ist also eine Zusammenstellung hypothetischer Prinzipien für wirksames Handeln. Jedes Prinzip ist als eine Hypothese anzusehen, da wir es mit noch nicht dagewesenen Situationen zu tun haben und man daher aufrichtigerweise nur Hypothesen aufstellen kann. Dogmatische Überzeugungen sind zum gegenwärtigen Zeitpunkt eher Bestandteil des Problems als Bestandteil seiner Lösung.

Bild entsprächen, müßten zu dieser... Vorstellungen über die die Anwendung der in diesem Beispiel geschilderten psychologischen... sollten wirksame therapeutische Maßnahmen zur Änderung der eingeleitet... werden können.

Das Folgende ist also eine Zusammenfassung... unserer Vorstellungen... Handeln. Jedes Phänomen ist als eine Hypothese... zu... daß es mit noch nicht ... gegeben ... in Übereinstimmung zu... ... man daher aufrichtigerweise eine Hypothese und die... ... empirische Überprüfung und zum gegenwärtigen Zeit... ... über die Probleme ... Bedingungen genau... Gründe...

11 Überzeugungen und Erziehung

Setze dein Vertrauen nicht auf Tradition, auch wenn sie schon seit vielen Generationen und in vielen Ländern bestehen. Glaube nicht an etwas, nur weil viele andere es auch tun. Nimm nichts auf aufgrund der Autorität des einen oder anderen der alten Weisen an oder aufgrund der Tatsache, dass eine Aussage in den Schriften steht. Glaube nicht an etwas, nur weil die Wahrscheinlichkeit dafür spricht. Glaube nicht an das, was du dir selbst zurechtgelegt hast im Vertrauen darauf, dass ein Gott dich dazu inspiriert hat. Glaube nichts, was sich allein auf die Autorität deiner Lehrer oder Priester begründet. Nach gründlicher Prüfung glaube an das, was du für dich selbst erprobt hast, was du als vernünftig erkannt hast und was mit deinem Wohlergehen und dem der anderen im Einklang steht.
Buddha

DIE NOTWENDIGKEIT VIELFÄLTIGER REAKTIONEN

Wo fangt ihr an?
Wir fangen überall zugleich an.
Aldous Huxley

Wenn wir die Welt aus dem für uns günstigsten Blickwinkel betrachten, konzentrieren wir uns häufig auf nur eine bestimmte Art von Reaktionen. Da aber die Probleme und ihre Ursachen vielfältig sind, ist es nur folgerichtig, dass auch unsere Reaktionen vielfältig sein sollten. In dieser Zeit der Krise benötigen wir jede Hilfe, die wir bekommen können. Daraus lässt sich folgern:

1. Wirksame Massnahmen sollten sich nach Möglichkeit auf verschiedene Perspektiven, Ansätze und verschiedene Gruppen von Menschen stützen.

2. Optimale Arbeit sollte an den Symptomen *und* an den Ursachen
   – auch den psychologischen – ansetzen.
3. Geeignete Reaktionen sollten Psychologie und Verhalten bei
   uns selbst und bei anderen verändern.

So wird es z. B. wichtig sein, *sowohl* den Hungernden Nahrung zu geben *als auch* die politischen, ökonomischen und psychologischen
Kräfte zu verändern, die es zu diesem Elend kommen liessen. Es wird
von entscheidender Bedeutung sein, die Atomwaffenarsenale abzubauen *und* die Faktoren zu untersuchen, die zur internationalen Feindseligkeit beitragen.

GEDANKEN UND ÜBERZEUGUNGEN

Der Gedanke manifestiert sich im Wort,
Das Wort manifestiert sich in der Tat,
Die Tat entwickelt sich zur Gewohnheit,
und die Gewohnheit verhärtet sich zum Charakter.
Daher achte mit Sorgfalt auf die Gedanken und ihre Wege
und lass sie aus der Liebe entspringen,
deren Wurzel das Mitgefühl für alle Wesen ist.
Anonym

Da Überzeugungen einen so mächtigen Einfluss auf uns haben, ist es
natürlich sinnvoll, dass wir sie sehr genau erkennen und auswählen.
Dieser Prozess (Überzeugungen zu erkennen und auszuwählen) ist
eine weitverbreitete therapeutische Technik, die von vielen verschiedenen Schulen der Psychologie angewandt wird.[1] In jedem Fall geht es
darum, ungenaue und einschränkende Gedanken und Überzeugungen, die pathologische Phänomene hervorbringen, durch positivere zu
ersetzen.

Kombinationen von Überzeugungen formen sich zu Bildern, Bildern von uns selbst, Bildern von anderen Menschen, von der Welt und
von der Zukunft. Es gibt genügend Hinweise dafür, «dass die grundlegenden Bilder, die sich eine Kultur oder eine Person macht, einen
enormen Einfluss auf ihr Schicksal haben.»[2] Wenn traditionelle Bilder
hinter der kulturellen Entwicklung zurückbleiben und neuen Situationen und Anforderungen nicht mehr gerecht werden können, dann

entwickelt sich eine Zeit der gesellschaftlichen Frustration, der Unruhe, ja sogar der Krise. Verschiedene Anzeichen deuten darauf hin, dass unsere Kultur sich einem solchen Stadium nähert, wenn sie sich nicht schon mittendrin befindet.[3]

Wenn auf der anderen Seite die vorherrschenden Bilder einer Kultur attraktiv und antizipatorisch sind und motivierende und dennoch realistische Vorstellungen von dem, was sein könnte, vermitteln, dann können sie den gesellschaftlichen Wandel lenken und bestimmen.[4]

Mit der Wahl unserer Überzeugungen wählen wir daher auch die Bilder, die uns und unsere Kultur auf dem Weg in die Zukunft bestimmen, die uns führen und motivieren werden. «Die Welt wird (engl. Wortspiel: «becomes – comes to be») teilweise zu dem, wie wir sie uns vorstellen», sagte Gregory Bateson[5] in Anlehnung an die Worte des Buddha, der schon vor 2500 Jahren sagte:

Wir sind, was wir denken.
Alles, was wir sind, entsteht aus unseren Gedanken.
Mit unseren Gedanken schaffen wir die Welt.[6]

Die Wichtigkeit der sorgfältigen und bewussten Wahl unserer Gedanken, Bilder und Überzeugungen ist ein Thema, das bei den Weisen aller Kulturen und aller Zeiten immer wieder vorkommt.

Im Folgenden möcht ich nun Überzeugungen vorstellen, die uns weiterhelfen könnten. Sie lassen sich einteilen in:

1. Überzeugungen über die Eigenschaften von Überzeugungen
2. Überzeugungen über uns selbst
3. Überzeugungen über andere Menschen
4. Überzeugungen über die Welt
5. Überzeugungen über Kriegsführung und Atomwaffen

ÜBERZEUGUNGEN ÜBER ÜBERZEUGUNGEN

a) *Überzeugungen wirken als mächtige, meist unerkannte sich-selbsterfüllende Prophezeiungen.*

Über diese Hypothese und die Erfahrungen, die sie bestätigen, haben wir bereits gesprochen. Sie ist der grundlegende Gedanke, der uns zusammen mit der nächsten Hypothese motivieren könnte, unsere individuellen und kulturellen Überzeugungen zu überprüfen und bewusst auszuwählen.

b) *Unsere Ideologien sind Systeme von Überzeugungen.*

Unsere Ideologien stellen nur Überzeugungen, Vermutungen, Modelle und Annäherungen an die Welt dar und nicht «die Wahrheit». Wenn wir uns dies immer vor Augen halten, ist die Gefahr, von ihnen abhängig zu werden und die Bereitschaft zu entwickeln, für sie zu töten und zu sterben, vielleicht geringer. Auch werden wir vielleicht nicht so voreilig den möglichen Wert und die Gültigkeit alternativer Sichtweisen leugnen.

c) *Es ist möglich, sich für sinnvolle Überzeugungen zu entscheiden.*

Ohne auf die endlose Debatte über Willensfreiheit und Determinismus einzugehen, behauptet diese Überzeugung in Übereinstimmung mit dem grossen amerikanischen Philosophen William James, dass wir in der Lage sind, «glauben zu wollen», das heisst, dass wir die Freiheit haben, uns bewusst für das, was wir glauben wollen, zu entscheiden.[7] Wir müssen nicht hilflose Opfer unserer Überzeugungen sein, wobei es ein subtiles Paradox ist, dass wir uns dafür entscheiden können zu glauben, es zu sein.

Indem wir unsere Überzeugungen auswählen, sind wir ihnen nicht länger passiv ausgeliefert, sondern werden zu ihren aktiven Schöpfern. Dies hilft, begrenzende und verzerrende Überzeugungen zu erkennen und zu verändern, nicht nur in unserem eigenen Leben, sondern auch in der Gesellschaft und in der Welt. Aus «Ich kann nicht» wird «Vielleicht kann ich doch», «Sie sind absolut böse» verändert sich zu «Vielleicht sind nicht alle so schlecht»; aus «Man kann nichts mit ihnen anfangen» wird «Vielleicht sollten wir es mal auf eine andere Art versuchen» usw.

Anfangs mag dieser Prozess der Infragestellung und Veränderung von Überzeugungen unbequem, vielleicht sogar angsteinflössend sein, denn um Überzeugungen in Frage stellen zu können, müssen wir bereit sein zuzugeben, dass wir möglicherweise Fehler gemacht haben, dass die Dinge nicht so sind, wie wir gedacht haben, und – auf einer ganz grundsätzlichen Ebene – dass wir letztlich nicht wissen, was uns selbst und die Welt bewegt.

Dieser Prozess der Infragestellung und Veränderung von Überzeugungen vollzieht sich durchaus nicht nur ein einziges Mal. Vielmehr geschieht er immer und immer wieder, solange wir bereit sind, unsere Ungewissheit anzuerkennen und zu lernen.*

ÜBERZEUGUNGEN ÜBER UNS SELBST

Sinnvolle Überzeugungen über uns selbst geben uns Kraft und bestärken uns in unserer Fähigkeit und in unserem Wunsch, einen Beitrag für das menschliche Überleben zu leisten. Sie sind ein Gegenmittel gegen die lähmenden Auswirkungen von Überzeugungen der Wertlosigkeit und der Unfähigkeit wie z. B.: «Ich kann nichts tun», «Ich kann nicht», «Ich bin ungeeignet ...» Folgende Überzeugungen sollen diesen selbst auferlegten Beschränkungen entgegenwirken.

a) *Ich (und jeder von uns) kann einen nützlichen und einzigartigen Beitrag leisten.*

Die Wichtigkeit dieser Überzeugung wird durch bemerkenswerte experimentelle Ergebnisse bestätigt. Mehrere Untersuchungen zeigen, dass die Meinung, die wir über unsere Effektivität haben, eine sich-selbst-erfüllende Prophezeiung ist.[8] Dieses Prinzip wurde schon vor Jahrzehnten von dem grossen amerikanischen Psychologen Henry

---

* Im folgenden Zitat wird dieser Prozess mit all seinen Schwierigkeiten sehr genau beschrieben:
«Das ist der Grund, warum es so schwierig ist, jemandem den Pfad zu erklären, der noch nicht versucht hat, ihn zu gehen: er wird nur seinen heutigen Standpunkt sehen bzw. den Verlust seines Standpunktes. Ach, wenn wir doch nur erkennen würden, dass jeder Verlust unseres Standpunktes ein Fortschritt ist und wie sehr sich das Leben verändert, wenn man von der Ebene der geschlossenen Wahrheit auf die Ebene der offenen Wahrheit überwechselt – eine Wahrheit, die wie das Leben selbst ist, zu gross, um von Standpunkten erfasst werden zu können, da sie jeden Standpunkt einschliesst ... eine Wahrheit, die gross genug ist, um sich selbst zu verleugnen und endlos zu höheren Wahrheiten voranzuschreiten.»[16]

Dieser Prozess, in dem man kontinuierlich das Alte ablegt und Neues schafft, indem man die Wahrheit von gestern loslässt und der von morgen die Möglichkeit gibt, sich zu zeigen, indem man immer wieder das aufgibt, was dazu erdacht war, das Mögliche herauszufinden, dieser Prozess von Tod und Wiedergeburt ist die Essenz des Wachstums von Individuen[17] und Kulturen.[18] Das ängstliche Festhalten am Alten und Vertrauten, an «den guten alten Zeiten» und Wegen (den überkommenen Bräuchen), statt sie gehen zu lassen, wenn ihre Zeit gekommen ist, bedeutet den Versuch, den universellen Prozess von Tod und Wiedergeburt (Palingenese) einzufrieren, der die Quelle unserer Möglichkeiten ist.

Ford festgestellt, der sagte: «Beide haben recht, die, die glauben, dass sie etwas tun können, und die, die glauben, dass sie nichts tun können.»[9]

b) *Einen Beitrag für das menschliche Überleben zu leisten, kann etwas sein, was wir uns von ganzem Herzen wünschen und was uns tief befriedigt.*

Diese Überzeugung hilft uns zu erkennen, dass wir es nicht unbedingt als ein Opfer empfinden müssen, wenn wir etwas tun, sondern dass es auch eine echte und tiefe Erfüllung sein kann. Der Wunsch, etwas zu geben, scheint tief in jedem von uns verwurzelt zu sein,[10] ist aber oft hinter Gefühlen der Wertlosigkeit und der Unfähigkeit verborgen.

c) *Eine Psychologie des menschlichen Überlebens zu entwickeln, kann ein strategisch besonders wichtiger Beitrag sein.*

Diese Überzeugung ist natürlich der Anlass für dieses Buch. Sie vertritt den Standpunkt, dass jeder einzelne Beitrag, den wir beisteuern, effektiver wäre, wenn wir ihn in Übereinstimmung mit fundierten psychologischen Prinzipien leisteten.

ÜBERZEUGUNGEN ÜBER ANDERE MENSCHEN UND ÜBER UNSERE BEZIEHUNGEN

Sinnvolle Entscheidungen in diesem Bereich wären solche, die sich gegen Überzeugungen wenden, die andere Menschen degradieren, entmenschlichen, schlechtmachen und angreifen und uns von ihnen trennen und entfremden. Hilfreich wären Überzeugungen, die Mitgefühl und Vertrauen stärken und unser gemeinsames Menschsein betonen, wie z. B.:

a) *Trotz all der verschiedenen kulturellen und ideologischen Hintergründe teilen wir alle eine gemeinsame Menschlichkeit mit ähnlichen Freuden, Leiden, Hoffnungen und Ängsten.*

b) *Eine grössere Vertrautheit mit anderen Menschen wird zu mehr Mitgefühl und Verständnis führen.*

Dies ist der Grund, warum so viele Menschen – Psychologen, Politologen, religiöse Führer – auf die grosse Bedeutung von direktem persönlichen Kontakt zwischen den Führern, aber auch zwischen den Völkern von untereinander verfeindeten Nationen hinweisen.

c) *Unsere Erwartungen (Überzeugungen) von anderen Menschen werden meistens zu sich-selbst-erfüllenden Prophezeiungen.*

Diese uralte Erkenntnis wurde in unserer Zeit experimentell bestätigt. Daraus folgt:

d) *Es ist sinnvoller, zu vertrauen als zu misstrauen.*

Experimente weisen darauf hin, dass der Grundsatz «im Zweifel für den Angeklagten» eine erfolgreiche Methode ist, vertrauenswürdiges Verhalten hervorzurufen. Um dies richtig zu verstehen, müssen wir eine Unterscheidung machen zwischen Vertrauensbereitschaft und Leichtgläubigkeit. Entgegen einer weit verbreiteten Überzeugung ist dies nicht ein und dasselbe, und neuere Untersuchungen zeigen, dass Menschen mit viel Vertrauen nicht leichter betrogen werden als Menschen mit wenig Vertrauen. Dafür sind sie wahrscheinlich aber glücklicher, sympathischer, psychologisch gesünder und vertrauenswürdiger.[11]

ÜBERZEUGUNGEN ÜBER DIE WELT

Jeder Gedanke, den du hast, bildet ein Teilstück der Welt, die du siehst. Daher musst du mit deinen Gedanken arbeiten, wenn du deine Wahrnehmung der Welt verändern willst.
Anonym

a) *Die globalen Bedrohungen für das Überleben und Wohlergehen der Menschheit können abgewendet werden.*

Hier haben wir eine der grundlegenden Überzeugungen über die Welt, von denen unser Schicksal abhängt. In ihrer allgemeinen Formulierung umfasst sie Überzeugungen über einzelne Probleme wie z. B.: Wir können genug Nahrungsmittel erzeugen, wir können die Armut lindern, die Atomwaffen begrenzen, die Verschmutzung der Umwelt abbauen und das Ökosystem stabilisieren. Ohne derartige Überzeugungen sind wir der Hoffnungslosigkeit und der Verzweiflung ausgeliefert und haben keine Motivation, die so dringend notwendige Arbeit an der Heilung auch nur zu beginnen.

b) *Diese Probleme haben für uns alle höchste Priorität.*

Diese Aussage hört sich vielleicht selbstverständlich, ja sogar banal an. Aber wer von uns lebt wirklich so, als wäre sie wahr? Haben die meisten von uns nicht mehr Aufmerksamkeit für die Golfergebnisse, für unser Gehaltskonto und für unser Sexualleben übrig als für die Tatsache, dass das Leben selbst bedroht ist? Spiegelt unser alltägliches Leben unsere wahren Prioritäten und die unseres Planeten wider? In dem Ausmass, in dem wir die Wichtigkeit der globalen Probleme erkennen, werden auch unsere persönlichen Prioritäten unserer wahren Situation entsprechen und diese nicht länger verleugnen. Wie wir in einem späteren Kapitel sehen werden, braucht diese Neuordnung unserer persönlichen Prioritäten nicht unbedingt ein Opfer zu sein; sie kann sich als eine tiefe Bereicherung unserer Lebensqualität herausstellen.

ÜBERZEUGUNGEN ÜBER KRIEGSFÜHRUNG UND ATOMWAFFEN

Es scheint mir besonders wichtig zu sein, die gängigen Vorstellungen über Atomwaffen in Frage zu stellen, die, wenn sie sich als falsch herausstellen sollten, zu einer unvorstellbaren Katastrophe oder gar zum Selbstmord unseres Planeten führen würden. Überzeugungen, die diese Infragestellung beinhalten, sind z. B.:

a) *Atomare Überlegenheit ist möglicherweise unerreichbar.*

b) *Wenn ein Atomkrieg erst einmal begonnen hat, ist es wahrscheinlich unmöglich, ihn zu begrenzen.*

c) *Ein Atomkrieg ist nicht gewinnbar.*

d) *Ein weitreichender Atomkrieg wird wahrscheinlich derartige Zerstörungen und ökologische Schäden zur Folge haben, dass jede Form von Zivilisation ein Ende hat.*

Diese Überzeugungen melden ganz erhebliche Zweifel an den atomaren Strategien der Sowjetunion und der Vereinigten Staaten an.

Es gibt zwei Überzeugungen, die vielleicht entscheidend für eine Umkehrung der ständig wachsenden Rüstung sind. Die erste lautet:

e) *Es ist möglich, Atomwaffen zu reduzieren, ja sogar sie gänzlich abzuschaffen.*

Man kann oft hören, dass es naiv sei, zu glauben, wir könnten die Atomwaffen abschaffen oder sie auch nur erheblich reduzieren. Man kann ihre Erfindung nicht rückgängig machen, und wenn man sie reduzierte, würde man damit das Gleichgewicht der Kräfte stören. Eine Welt ohne Atomwaffen sei ein «fiktives Utopia», behauptet eine Gruppe von Harvard Professoren und kommt zu dem Schluss, dass «ein Leben mit Atomwaffen unsere einzige Hoffnung ist»[12].

Die Gefahr, die in solchen Argumenten (Überzeugungen) liegt, ist offensichtlich. Wenn wir glauben, dass es keinen sicheren Weg gibt, die atomaren Waffenarsenale zu reduzieren bzw. ganz abzuschaffen, dann fehlt uns jede Motivation, irgendeinen ernsthaften Versuch in diese Richtung zu unternehmen. Es sollte jedoch mittlerweile erschreckend deutlich geworden sein, dass unsere gegenwärtige Situation – mit einer Anhäufung von Sprengkraft, die vielen Milliarden Tonnen von TNT entspricht, mit Vorwarnsystemen, die wie ein haarfein eingestellter Zünder sind, mit nicht lagerbaren giftigen Abfallstoffen und mit Unfällen, die in irgendeiner Form fast täglich passieren – derartig mit Gefahren befrachtet ist, dass dagegen die Gefahren einer Abrüstung gering erscheinen. «Die Risiken, die in der Abrüstung liegen, verblassen im Vergleich mit den Risiken eines unbegrenzten Rüstungswettlaufs», sagte Präsident Kennedy vor den Vereinten Nationen, die ihrerseits einstimmig eine Resolution verabschiedet haben, in der es heisst: «Völlige Abrüstung ist die wichtigste Aufgabe, die die Welt heute zu lösen hat.»[13] Wenn dies unsere wichtigste Aufgabe ist, dann ist es offensichtlich, dass wir uns für die Überzeugung entscheiden müssen, dass wir sie lösen *können*.

Ähnliche Probleme liegen der folgenden, hiermit eng verbundenen Überzeugung zugrunde:

f) *Es ist möglich, den Waffenhandel einzuschränken oder abzuschaffen.*

«Die Vorstellung, dass man den Waffenhandel abschaffen kann, ist lächerlich»; «es hängen so viele Menschen, Industrien und Nationen davon ab, dass es einen weltweiten ökonomischen Zusammenbruch gäbe», «die Menschen würden seiner Abschaffung niemals zustimmen». Klingen diese Argumente nicht sehr vertraut? Sie sollten es! Vor hundert Jahren nämlich, als es um die Abschaffung der Sklaverei ging, wurden sie eifrig geglaubt und vehement verfochten. Heute ist die

Sklaverei nicht nur abgeschafft, sondern wird fast weltweit geächtet. Dennoch werden durch den Waffenhandel heute in einem Zeitraum von ein paar Jahren mehr Menschen getötet als durch den Sklavenhandel in Jahrhunderten. Ein Grund dafür ist, dass wir glauben, der Waffenhandel sei akzeptabel, ja sogar nicht wegzudenken, genau wie unsere Vorfahren dies vom Sklavenhandel glaubten.

g) *Der Krieg kann nicht länger als ein legitimes Mittel angesehen werden, nationale Ziele zu erreichen.*

Solange wir Kriege als ein angemessenes und legitimes Mittel ansehen, um das zu erreichen, was wir wollen, solange besteht die Gefahr, dass wir in einem Krieg sterben. Je zerstörerischer unsere Waffen und Kriege jedoch werden, desto fragwürdiger wird ihre Legitimität und Angemessenheit.

Dies alles bedeutet natürlich nicht, dass die Einschränkung oder Abschaffung von Kriegen, Atomwaffen oder Waffenhandel eine einfache Aufgabe sein wird. Es bedeutet nicht einmal, dass wir notwendigerweise Erfolg haben werden. Es bedeutet nur, dass es überaus wichtig für uns ist, uns vor Überzeugungen zu hüten, die diese Aufgaben für unmöglich erklären.

Dies sind also einige der Überzeugungen, die eine Grundlage für eine Psychologie des menschlichen Überlebens bilden können. Allen gemeinsam ist, dass sie einen sich-selbst-erfüllenden Realismus und Optimismus in bezug auf den Umgang mit der Welt ermutigen können, dass sie Verantwortlichkeit und Effektivität sowie Mitgefühl und Verständnis für andere fördern können.

Wenn man Überzeugungen näher untersucht, wird deutlich, dass sie bei jeder Aussage (einschliesslich dieser) eine Rolle spielen. Tatsächlich gründen sich all unsere Annahmen und Aussagen über uns selbst, über andere Menschen und über die Welt auf Überzeugungen. Wenn wir dies erkennen, wird es aufrüttelnd deutlich, von welch tiefgreifender Bedeutung es ist, dass wir unseren Überzeugungen mehr Beachtung schenken und sie sorgfältig und bewusst auswählen. Im Umgang mit unseren Überzeugungen haben wir Erziehung bitter nötig, womit wir bei unserem nächsten Thema wären.

ERZIEHUNG

Die Geschichte der Menschheit wird mehr und mehr zu einem Wettlauf zwischen der Erziehung und der Katastrophe.
H. G. Wells

Wie wir bereits besprochen haben, lassen sich viele destruktive Überzeugungen und Verhaltensweisen einfach auf Unwissenheit über die Situation zurückführen. Daraus folgt:

1. Wir benötigen unbedingt eine Erziehung, die diese Unwissenheit abbaut.

Es ist einleuchtend, dass wir umfassende Informationen über den Zustand der Welt brauchen. Ebenso brauchen wir genaue, unverfälschte Informationen über einander bekämpfende Ideologien und Menschen. Wie schon erwähnt, machen einander bekämpfende Gruppen sich häufig starre, stereotype Bilder voneinander, und dieser Prozess verschlimmert sich, wenn es an ausreichenden Informationen fehlt. Leider wird das Zurückhalten von Informationen nur allzu oft als bewusste Politik betrieben. In den Ländern hinter dem eisernen Vorhang werden Informationen über den Westen stark zensiert, während es in den Vereinigten Staaten viele Jahre lang «ein ungeschriebenes Gesetz gab, dass Amerikaner nichts über den Sowjetkommunismus wissen sollten. Lehrer wurden entlassen, wenn sie darüber unterrichteten; Menschen verloren ihren Job, weil sie etwas darüber gelesen hatten.»[14] Da wir vor dem Unbekannten besonders viel Angst haben, führt diese Ungewissheit dann schliesslich dazu, dass Milliarden von Dollar ausgegeben werden aus Angst vor Menschen, die nur in unserem Geist existieren und die wie Schatten sind, die wir aus Fehlinformationen und Mythen konstruiert haben.

Unwissen ist jedoch nicht die einzige Ursache destruktiver Überzeugungen und Verhaltensweisen. Auch die breite Palette psychologischer Abwehrmechanismen und Verzerrungen spielt dabei eine Rolle. Daraus folgt:

2. Um möglichst effektiv zu sein, sollten die Bildungsmassnahmen sowohl Informationen über den Zustand der Welt als auch Informationen über die psychologischen Faktoren, die ihn verursacht haben, umfassen. Und:

3. Die Bildungsmassnahmen sollten sich natürlich auf uns selbst *und* auf andere beziehen.

Wie immer ist die Unwissen der anderen offensichtlich; unsere eigene dagegen übersehen wir leicht. Diese Erziehung sollte natürlich auch Kindern zuteil werden, denn, wie Jerome Frank betont: «Langfristig gesehen, müssen wir unser Schwergewicht auf die Erziehung und Ausbildung kommender Generationen setzen.»[15]

Noch deutlicher wird uns die Wichtigkeit der Erziehung, wenn wir den folgenden Gedanken akzeptieren:

4. Das Wissen um die Tatsachen führt meist zu angemessenen Reaktionen.

Aus ähnlichen Gründen sind die Lehrer und Weisen seit Sokrates' Zeiten nicht müde geworden, die Bedeutung der Bildung für das Wohl der Gesellschaft hervorzuheben. In unserer Zeit ist sie zu einem entscheidenden Faktor für das Wohlergehen und Überleben der Menschheit geworden. Einstein sagte: «Der Friede kann nicht mit Gewalt erhalten werden. Er kann nur durch Verständnis erlangt werden.»

12 Anregungen durch die Verhaltensveränderung: Verstärker und die Rolle der Medien

Was immer du tun kannst oder zu tun dir erträumst – fang es an. Die Kühnheit birgt Genius, Kraft und Magie in sich.
Goethe

VERSTÄRKER

Viele ökologische und internationale Belastungen lassen sich auf ungünstige Verstärkungsmuster zurückführen, die in unser gesellschaftliches und ökonomisches System eingebaut sind. Daraus folgt, dass eine globale Psychologie sich zum Ziel setzen sollte, diese Verstärkungsmuster zu erkennen und alternative Muster vorzuschlagen, die ökologisch und international vernünftige Entscheidungen verstärken.

Bei der Suche nach diesen Faktoren sollten wir folgende Gesichtspunkte berücksichtigen:

1. Es wird sehr wichtig sein, mehr Verstärkung für solche Entscheidungen zu geben, die langfristige Entscheidungen berücksichtigen.

Gegenwärtig bekommen Politiker z. B. sehr wenig Verstärkung für Entscheidungen, die den Verbrauch nicht erneuerbarer Rohstoffe, wie z. B. Öl, einschränken. Eher das umgekehrte ist der Fall.

Die Konsumenten wollen *jetzt* eine uneingeschränkte Versorgung und verstärken die Politiker daher bei Entscheidungen, die dies gewährleisten. Die Menschen der Zukunft sollen selbst sehen, wie sie zurechtkommen. Dies ist ein deutliches Beispiel für die Verbindung, die zwischen den Abhängigkeiten und Verstärkern, die die Öffentlichkeit motivieren, und denjenigen, die die Entscheidungsträger in Politik und Wirtschaft bestimmen, besteht. Wenn wir die Entscheidungen der Politiker radikal verändern wollen, müssen wir auch unsere eigenen Wünsche radikal verändern.

2. Genauere Informationen und Rückmeldungen über Kosten und Nutzen von ökonomischen, industriellen und gesetzgeberischen Entscheidungen, besonders den langfristigen, werden eine wichtige Rolle spielen.

Nur allzu oft werden die subtilen, langfristigen ökologischen Auswirkungen unserer Entscheidungen zunächst vernachlässigt, die dann im Laufe der Zeit einen um so schlimmeren Tribut von uns fordern. Umweltberichte sind ein gutes Beispiel für eine Möglichkeit, dieses Problem anzugehen. Sie machen es schwerer, langfristige und geographisch weit entfernte Auswirkungen zu ignorieren, und verstärken Entscheidungen, die diese in Betracht ziehen.

3. Wenn möglich, sollten Entscheidungsträger die Auswirkungen ihrer Entscheidungen direkt erfahren und nicht unnötigerweise und im Gegensatz zu den übrigen Menschen von ihnen abgeschirmt werden.

In vielen Ländern schliessen sich die Gesetzgeber von den Gesetzen, die sie verabschieden, aus, wie z. B. bei Ruhestandsregelungen oder beim Militärdienst, oder sie schützen sich vor den Auswirkungen ihrer Entscheidungen. Ein Krieg z. B. kostet Abertausende von Menschen das Leben, während die führenden Politiker, die ihn angezettelt haben, wahrscheinlich niemals auch nur einen Tropfen Blut sehen. Wieviel schwerer wäre es wohl, einen Krieg anzufangen, wenn dies nicht so wäre. Roger Smith, ein Jurist von der Harvard Universität, hat folgenden bitterbösen Vorschlag gemacht:

Der Präsident der Vereinigten Staaten wird auf Schritt und Tritt in diskreter Entfernung von einem Offizier begleitet, der eine kleine Aktentasche trägt. In dieser Aktentasche befindet sich die Kombination, mit der der Zivilisation ein Ende bereitet werden kann: der Code, mit dem der Präsident einen atomaren Angriff befehlen kann. Es ist eine ganz einfache Sache: Er nimmt den Schlüssel, öffnet die Aktentasche, übermittelt den Code, sucht einen Schutzraum auf, und schon ist der

Krieg (und mit ihm die Zivilisation) so gut wie vorbei. Ein ähnliches System gibt es vermutlich auch in der Sowjetunion.

Roger Smiths Vorschlag nun ist von eleganter und grotesker Einfachheit. Statt den Code in der Aktentasche zu tragen, wird er in einer Kapsel in Herznähe in den Körper des Adjutanten implantiert. In dem Aktenkoffer befindet sich ein Messer. Um an den Code zu kommen und den Befehl zur Ermordung von Milliarden von Menschen geben zu können, muss der Präsident erst eigenhändig den Adjutanten töten.

Der Vorschlag ist natürlich nicht ernst gemeint, wohl aber der Sinn, der dahinter steckt. Es ist wahrscheinlich einfacher, Befehle zu geben, die den Tod von Massen bedeuten, als eigenhändig einen einzelnen Menschen zu töten. Roger Smith ist zwar eigentlich Jurist, aber er ist offensichtlich auch ein guter Psychologe, denn er hat die Gefahren intuitiv erkannt, die von gesellschaftlichen und militärischen Systemen ausgehen, welche die Entscheidungsträger davor bewahren, die Auswirkungen ihrer Entscheidungen am eigenen Leibe zu erfahren. Es ist wahrscheinlich nicht möglich, die Führer der Nationen dazu zu zwingen, wie in alten Zeiten an der Spitze ihrer Armeen in den Krieg zu ziehen. Es könnte jedoch ratsam und, zumindest in Demokratien, auch möglich sein, dafür zu sorgen, dass Entscheidungsträger nicht unnötig vor den Auswirkungen ihrer Entscheidungen geschützt werden.

4. Die Verstärkungsmuster sollten so verändert werden, dass Lebensweisen und Konsumverhalten, die ökologisch vernünftig sind, belohnt werden.

Die modernen Wirtschaftssysteme unterscheiden nicht zwischen erneuerbaren und nicht erneuerbaren Rohstoffen, sondern nur zwischen billigen und teuren.[1] Deshalb werden weder Industrielle noch Konsumenten für ökologisch sinnvolle Entscheidungen verstärkt. Es wäre jedoch möglich, diese Entscheidungen zu verstärken, indem man z. B. mit Hilfe von Steuern die Preise für nicht erneuerbare Rohstoffe anheben und die Kosten für erneuerbare Ressourcen senken würde.

Nehmen wir als Beispiel die Energieversorgung der Vereinigten Staaten. Das gegenwärtige System bevorzugt leider sehr stark nicht erneuerbare Energiequellen. Öl, Kohle und Erdgas werden von der Regierung Jahr für Jahr mit Milliardensubventionen unterstützt. Erneuerbare Energiequellen, wie Solar- oder Windenergie erhalten im Vergleich dazu nur Pfennigbeträge.[2] Massive Unterstützung für den Bau von Autobahnen und für niedrige Benzinpreise verstärken die Benutzung von Autos. Dies hat zur Folge, dass immer weniger Menschen öffentliche Verkehrsmittel benutzen; diese müssen daraufhin ihre Preise erhöhen und zwingen damit noch mehr Menschen, mit dem Auto zu fahren. Das Ergebnis ist ein sehr kostenaufwendiger Teufelskreis des Abbaus öffentlicher Verkehrsmittel und des Anstiegs der Anzahl von Automobilen in Amerika, die mittlerweile sechs Prozent des Weltenergiebedarfs verschlingen. Gelegentlich ist diesem Kreislauf auch von seiten der Automobilhersteller etwas nachgeholfen worden: In den 20er Jahren kaufte General Motors das Schnellbahnsystem von Los Angeles auf und riss es dann ab.[3]

Viele der gegenwärtigen ökonomischen Verstärkungsmuster sind eindeutig ökologische Katastrophen. Wenn wir wollen, dass die Menschen ökologisch sinnvolle Entscheidungen treffen, müssen wir dazu übergehen, sie mit ökologisch sinnvollen Verstärkern dafür zu belohnen.

5. Freiwillig gewählte Einfachheit kann ebenso befriedigend (verstärkend) sein wie aufwendiger Konsum.

Konsum wird als das primäre Ziel aller menschlichen Aktivitäten angesehen. Diese Sichtweise findet ihren Ausdruck in dem gebräuchlichen Mass für das Glück der Menschen, dem «Lebensstandard», der fast ausschliesslich materiell bestimmt wird. Wir haben versucht, den Konsum so weit wie möglich zu steigern in der unausgesprochenen Annahme, dass das Ausmass des Konsums in direktem Zusammenhang mit dem Ausmass des Glücks und der Zufriedenheit der Menschen steht. Dies scheint mir eine unbegründete und extrem einschränkende Vorannahme für ein ganzheitliches Verständnis der menschlichen Zufriedenheit zu sein.
Duane Elgin[4]

Wenn Konsum und materieller Komfort unser höchstes Ziel sind, dann haben wir hier im Westen Erfolge erreicht, welche die kühnsten Träume früherer Generationen übertreffen. Einem durchschnittlichen Arbeiter stehen heute Reichtümer und Vergnügungen zur Verfügung, von denen Krösus oder irgendein anderer Plutokrat des Altertums sich nicht träumen liess. Für die meisten von uns im Westen ist der uralte Traum vom materiellen Wohlstand verwirklicht.

Aber sind wir eigentlich glücklich? Glücklicher vielleicht, aber wohl kaum wirklich befriedigt. Leid und Unzufriedenheit sind immer noch weit verbreitet. Die Menschen machen sich zwar weniger Sorgen um Nahrung und Unterkunft, aber dafür werden sie von unbestimmten Gefühlen der Sinnlosigkeit, der Frustration und der Enttäuschung geplagt.[5] Der uralte Traum ist verwirklicht, aber seine Glücksverheissungen haben sich teilweise als illusorisch herausgestellt.

Wir sind in einer einzigartigen Situation. Zum ersten Mal in der Geschichte der Menschheit hat die Mehrheit der Bevölkerung die Gelegenheit, aus persönlicher Erfahrung zu erkennen, dass materieller Besitz und Komfort niemals ausreichen, um Glück zu erzeugen. Niemals zuvor sind so viele Menschen in der Lage gewesen, die uralte Warnung, dass materielles Streben allein letztlich unbefriedigend bleibt, an sich selbst zu überprüfen.

Diese Unmöglichkeit, im Materiellen Befriedigung zu finden, sollte uns eigentlich schon von unserem Wissen über Wünsche und Abhängigkeiten her bekannt sein. Erinnern wir uns daran, dass die Schwierigkeiten nicht etwa aufhören, wenn wir das bekommen, wovon wir abhängig sind, also etwa Drogen, ein Auto, Geld oder Sex. Es stellt sich bald heraus, dass die Befriedigung nur vorübergehend ist und dass wir nicht nur einen neuen, sondern auch einen grösseren, besseren «Schuss» brauchen, um den gleichen Lustgewinn zu erleben. Daraus entsteht der Teufelskreis von immer hemmungsloserem Konsum und immer weniger Befriedigung. Wir können nie genug bekommen von Dingen, die wir eigentlich gar nicht wirklich wollen. George Bernard Shaw sagte: «Es gibt im Leben zwei Arten, enttäuscht zu sein. Die eine ist, nicht zu bekommen, was man sich wünscht, und die andere ist, es zu bekommen.»

Das Resultat ist, dass Gefühle der Frustration, der Verwirrung und des Entsetzens immer mehr um sich greifen. Der Traum ist verwirklicht, und dennoch bleiben Enttäuschung und Unzufriedenheit bestehen, und die Fragen nach Sinn und Bedeutung des Lebens türmen sich immer bedrückender vor uns auf. Wordsworth schilderte das Problem in poetischer Form so:

> Die Welt ist zu sehr um uns; spät und früh.
> Nehmend und gebend, verschwenden wir unsere Kräfte;
> wir sehen wenig in der Natur, das unser ist;
> wir haben unsere Herzen weggegeben, eine schäbige Gabe.

Die meisten Menschen, die in diesem Dilemma stecken, wissen nicht, wo sie nach Hilfe suchen sollen. Die Botschaft, mit der uns alle Medien ohne Unterlass berieseln, lautet: «Produziert und konsumiert noch eifriger das Überflüssige!»[6] Dadurch wird es uns schwergemacht, zu erkennen, dass tiefere Befriedigung darin liegen könnte, genau das Gegenteil zu tun, und es gibt sehr wenig Ermutigung für ein einfacheres Leben.

Aber obwohl es so wenig Ermutigung dafür gibt, entwickeln sich immer mehr Menschen in diese Richtung und sehen in freiwilliger Einfachheit eine reifere, befriedigendere, bereicherndere und ökologisch sinnvollere Art zu leben. Wir sollten jedoch darauf hinweisen, dass freiwillige Einfachheit nicht Mangel oder Opfer bedeutet; man muss dafür nicht unbedingt einsam und allein in einer ungeheizten Hütte leben. Sie ist vielmehr «ein Verzicht auf oberflächlichen Klimbim, auf viele Besitztümer, die für das Wesentliche des Lebens unnötig sind. Sie bedeuten ein Ordnen und Lenken unserer Energien und Wünsche, eine teilweise Zurückhaltung in einigen Bereichen, um eine grössere Fülle des Lebens in anderen Bereichen zu ermöglichen.»[7]

Duane Elgin, einer der nachdenklichsten Sozialwissenschaftler unserer Zeit, fasst dies so zusammen: Freiwillige Einfachheit ist ein Lebensstil, der einen bewussten, auswählenden Konsum propagiert in der Erkenntnis, dass «eine freiwillige Vereinfachung der äusseren, materiellen Aspekte unseres Lebens wesentlich dazu beitragen kann, die inneren, nicht materiellen Bereiche zu bereichern.»[8]

Dies ist kein neuer Gedanke. Er gehört zu den zentralen Forderungen der grossen religiösen Lehrer aller Zeiten und der Sozialreformer unserer Zeiten, wie z. B. Gandhi. «Je geringer die Bedürfnisse, desto grösser das Glück», ist ihr immer wiederkehrendes Thema.[9] «Wenn du einen Menschen glücklich machen willst, gib ihm nicht mehr Reichtümer, sondern nimm ihm von seinen Wünschen», mahnte der griechische Philosoph Epikur. Die Weisheit aller Kulturen und aller Zeitalter birgt die gleiche Botschaft: Freiwillige Einfachheit kann sowohl ein Weg zu psychologischer Reife und Befriedigung sein als auch ein Ausdruck davon.

Und dies gilt nicht nur für Individuen. Der grosse Historiker Arnold Toynbee hat in seinem umfassenden Überblick über die Entwicklung der Menschheit herausgefunden, dass entwickelte Kulturen eine «fortschreitende Vereinfachung» zeigen: eine zunehmende Konzentration auf die subtileren, nicht materiellen Befriedigungen des Lebens.

In unserer Zeit gesellt sich zu der Attraktivität, die ein weniger hemmungsloser Lebensstil hat, auch das harte Drängen der Notwendigkeit.[10] Lange können wir nicht mehr fortfahren, so verschwenderisch und gedankenlos wie bisher zu konsumieren. Die schwindenden Ressourcen lassen dies einfach nicht zu. Wenn wir uns den hypnotisierenden, Begierden schaffenden Botschaften entziehen können, mit denen uns die Medien bombardieren, werden wir vielleicht entdecken, dass ein Lebensstil der freiwilligen Einfachheit nicht nur ökonomisch, ökologisch und moralisch richtiger ist, sondern uns auch tiefe Befriedigung und psychologische Reife bringt.

Nur wenige Wünsche zu haben und mit einfachen Dingen zufrieden zu sein, ist ein Zeichen eines grossen Menschen.[11]

6. Internationale Spannungen könnten reduziert werden, wenn man Muster gegenseitiger Verstärkung einführen würde.

Eine charakteristische Eigenschaft von problematischen Ehen ist die, dass die Ehegatten sich gegenseitig sehr wenig Verstärkung geben. Zuneigung wird nicht wahrgenommen, Hilfe nicht anerkannt und Versöhnungsversuche falsch aufgefasst. Mit anderen Worten, die Partner geben einander sehr wenig Bestätigung für freundliches, unterstützendes Verhalten. Es wundert nicht, wenn sie schliesslich das Gefühl haben, nicht geliebt zu werden und immer weniger Lust zu haben, selbst freundlich zu sein oder Verstärkung zu geben. Dies führt zu einem Teufelskreis, in dem eine immer stärkere Reduzierung der gegenseitigen Verstärkung sowohl Ursache als auch Wirkung einer fortschreitenden Verschlechterung der Beziehung ist.

Wahrscheinlich fangen die Ehegatten obendrein auch noch an, sich gegenseitig zu bestrafen. Wenn man wenig Bestätigung empfängt, entwickeln sich Ärger und Enttäuschung. Angriffe sind die unweigerliche Folge, und zu dem Teufelskreis der abnehmenden Verstärkung kommt dann noch ein ebenso eingefahrener Teufelskreis von gegenseitigen Angriffen und Bestrafungen hinzu. Es ist eine leider nur allzu bekannte Geschichte, die sich heute und alle Tage in Hunderten von Millionen Familien in der ganzen Welt abspielt.

Verhaltenstherapeuten haben in der letzten Zeit beachtliche Erfolge mit Eheberatungsprogrammen erzielt, in denen sie die Partner über diese Prinzipien der Verstärkung aufgeklärt haben.[12] Die ersten Schritte bestehen darin, den Partnern dabei zu helfen, sich der Muster, in die sie verstrickt sind, bewusst zu werden, und ihnen die goldenen

Regeln der Verhaltensmodifikation beizubringen: «Verstärke andere Menschen für das, was sie tun sollen.» Bestrafe sie nicht für das, was sie falsch machen, sondern belohne sie für das, was sie richtig machen.

Wenn Partner diese Prinzipien kennen, können sie den Teufelskreis umkehren, indem sie die freundlichen, hilfreichen Gesten verstärken, die sie vorher ignoriert haben. Dies erfordert, dass mindestens ein Partner bereit ist, den ersten Schritt zur Versöhnung zu tun, Rachegefühle und Angriffslust aufzugeben und damit anzufangen, den anderen zu belohnen.

Ich glaube, es ist gut möglich, diese Prinzipien auf die internationale Ebene zu übertragen. Es ist beispielsweise nur zu deutlich, dass der kalte Krieg zwischen den Ländern des Westens und den Ländern hinter dem eisernen Vorhang die Geschichte eines halben Jahrhunderts minimaler gegenseitiger Verstärkung und ständiger gegenseitiger Bestrafung ist. Diese Muster haben ihre Ursachen in anderen Faktoren, wie Misstrauen, Paranoia und Projektion, und verstärken diese gleichzeitig noch. Die Gesetze der Verstärkung gelten auch in grösseren Zusammenhängen, und Nationen, die ungeschickt mit ihnen umgehen, werden ihnen genauso zum Opfer fallen wie Ehepartner. Doch sind die Konsequenzen leider von einer ganz anderen Tragweite. Was in dem einen Fall mit Streit und Drohungen der Trennung endet, führt im anderen Fall zu Streit und Drohungen mit atomarer Vernichtung.

Auf der positiven Seite spricht viel für die Annahme, dass die Anwendung der verhaltenstheoretischen Prinzipien auf die internationalen Beziehungen hilfreich sein könnte. Erfahrene Politiker werden zwar den Wert dieser Prinzipien wahrscheinlich schon intuitiv erkannt haben, aber es könnte lebensrettend sein, ihnen mehr Beachtung zu schenken und sie bewusst anzuwenden.

DIE THEORIE DES SOZIALEN LERNENS UND DIE MEDIEN

Wenn wir uns die Forschungsergebnisse der letzten Jahre vor Augen halten, in denen die ungeheure Macht der Medien deutlich geworden ist, können wir davon ausgehen, dass ihnen eine entscheidende Rolle bei der Bekämpfung der globalen Bedrohungen zukommt.[13] Wenn wir weiterhin sehen, wie wenig hilfreich, ja sogar schädlich viele Inhalte sind, die die Medien gegenwärtig vermitteln, könnte vielleicht unser Schicksal davon abhängen, ob es uns gelingt, weitreichende Veränderungen bei den Medien durchzusetzen.

Das zur Zeit typische Medien-Rezept der «Beruhigung durch Beschäftigung mit Trivialitäten» wird uns mit der Begründung angeboten, dies sei, «was das Publikum wünsche», obwohl einiges dagegen spricht.[14] Ernstzunehmende Veränderungen wird es daher wohl nur dann geben, wenn genügend Menschen bereit sind, ihre Bedürfnisse deutlich zu machen. Realistischerweise können wir nicht von den Medien erwarten, ihren traditionellen Stil zu ändern, wenn wir nicht zuvor unseren eigenen Stil verändern. Wir können natürlich auch hier das Prinzip anwenden, Leute für das zu verstärken, was wir von ihnen wollen. Wir müssen unbedingt Medien, Beamte, Politiker und Werbeleute für global sinnvolle Entscheidungen verstärken und ihnen für schädliche Entscheidungen Rückmeldung (nicht Aggression und Angriff) geben.

Wie immer, wenn wir gesellschaftliche und globale Veränderungen bewerkstelligen wollen, müssen wir bei uns selbst beginnen. Psychologen können hier einen wertvollen Beitrag leisten. Durch ihre Forschungen sind bereits viele schädliche Auswirkungen der gegenwärtigen Programmgestaltung aufgezeigt worden. Diese Arbeit kann durch weitere Forschungen fortgeführt werden. Darüber hinaus sollten ihre Ergebnisse genutzt werden, um Öffentlichkeit und Gesetzgeber über die weitreichenden psychologischen, gesellschaftlichen und globalen Konsequenzen der Programmgestaltung der Medien aufzuklären.

13 Abbau von Angst und Abwehrhaltungen

Abwehr erzeugt Angst. Sie entsteht aus Angst, und verstärkt die Angst mit jeder neuen Abwehr. Du glaubst, sie biete dir Sicherheit.
Sie ist jedoch ein Ausdruck der Verwirklichung der Angst und der Rechtfertigung des Schreckens.
Anonym

Wenn zwei der wesentlichen psychologischen Kräfte, die unser Überleben gefährden, Angst und Abwehr sind, dann gehört es zu unseren wichtigsten Aufgaben, Wege zu finden, um diese zu reduzieren. Die Frage ist im Grunde die: Was können wir tun, um ein stärkeres Gefühl des Vertrauens und der Sicherheit zu entwickeln? Dieses Problem ist Familientherapeuten sehr vertraut, und wir können ihrer Arbeit einige nützliche Prinzipien entnehmen. Die wichtigsten sind vielleicht:

1. Drohungen und Verurteilungen müssen abgebaut werden.
2. Aufrichtiges, moralisches Verhalten muss ermutigt werden.

ABBAU VON DROHUNGEN UND VERURTEILUNGEN

Die am kalten Krieg beteiligten sind in einem sich selbst verewigenden

Teufelskreis gegenseitiger Paranoia verwickelt. Angriff und Gegenangriff folgen endlos aufeinander, da jeder nach einem illusionären Gefühl von Sicherheit und Rechthaben strebt, indem er den anderen verdammt und bedroht.

Familientherapeuten würden es für ihre erste Aufgabe halten, die Beteiligten darin zu unterstützen, den destruktiven, gegenseitigen und sich selbst verewigenden Charakter dieses Prozesses zu erkennen. Es soll die Einsicht entstehen, dass Verurteilungen und Bedrohungen, auch wenn sie vielleicht persönlich befriedigend sein mögen, *keine* wirksame Methode sind, sein Gegenüber davon zu überzeugen, das zu tun, was man sich wünscht. Vielmehr haben sie meistens den gegenteiligen Effekt und verstärken Angst, Abwehr, Widerstand und Ressentiments.

Nur indem wir Bedrohungen und Verurteilungen abbauen, können wir hoffen, die Verfolgungsängste eines Gegners zu verringern. Weniger Verfolgungsangst bedeutet weniger Abwehr und Aggression, was wiederum das eigene Gefühl von Vertrauen und Sicherheit stärkt.[1] Dieser Ansatz könnte, besonders in Verbindung mit mehr gegenseitiger positiver Verstärkung, den gegenwärtigen Teufelskreis umkehren, der die Beziehungen zwischen Ost und West seit fast einem halben Jahrhundert vergiftet.

MORAL

Wir leben in einer Welt von atomaren Riesen, die sich auf der moralischen Entwicklungsstufe von Kindern befinden.
General Omar Bradley

In diesem Moment werden etwa 3000 Interkontinentalraketen in ihren Silos rund um die Welt abschussbereit gehalten. Fernbomber kreisen ständig in der Luft, damit sie nicht durch einen Überraschungsangriff am Boden zerstört werden können. Durch die Tiefen der Meere gleiten Atom-U-Boote, vor spähenden Blicken und Radar verborgen. All diese Waffen werden aus einem einfachen, aber tragischen Grund in ständiger Bereitschaft gehalten: Man glaubt, der Feind sei gewissenlos und unmoralisch; man hält ihn für fähig, einen Überraschungsangriff ohne jede Provokation oder Vorwarnung zu starten. Unter diesem Gesichtspunkt kann man das Wettrüsten als ein Ergebnis der wechselseitigen Überzeugung ansehen, der Feind sei unmoralisch und nicht vertrauenswürdig, was er ja sicherlich auch manchmal ist.

Wenn Unredlichkeit und Unmoral unserer Gegner unser Überleben bedrohen, dann ist es scheinbar angemessen, Gegenmassnahmen zu ergreifen. Doch geschieht es nur leider allzu oft, dass diese Gegenmassnahmen selber auf unmoralische Methoden zurückgreifen. Man hält dies natürlich für bedauernswert, aber auch für unvermeidlich. Aus Furcht und Abwehr entsteht ein immer weiter ausufernder Teufelskreis von unredlichem und unmoralischem Verhalten. Das hat tragischerweise zur Konsequenz, dass «Feinde zu dem werden, für das sie sich gegenseitig halten.»[2] Wie man diesen Kreislauf umkehren kann, ist eine der zentralen Fragen unserer Zeit.

Für Familientherapeuten ist auch dies ein vertrautes Problem. Fast täglich sehen sie neue Beispiele dafür, wie teuer man für unaufrichtiges Verhalten bezahlen muss, und zu welchem Teufelskreis es führt. Die therapeutischen Prinzipien für die Behandlung von Familien, die in solche Teufelskreise verstrickt sind, sind sehr gut entwickelt, und wir können vielleicht einige von ihnen auch auf die Behandlung von Nationen anwenden.

Der erste Schritt ist vermutlich Informationsvermittlung. Zunächst ist es wichtig, dass der Teufelskreis, der durch Unredlichkeit entsteht, erkannt wird. Dann ist es von entscheidender Bedeutung, die enormen Kosten aufzuzeigen, die dieser Kreislauf uns selbst genauso wie den anderen aufbürdet.

Dadurch, dass wir die Beschaffenheit dieses Teufelskreises und das Ausmass seiner Kosten erkennen, erzeugen wir nämlich die Motivation, ihn anzuhalten und ein moralischeres Verhalten an den Tag zu legen.

Zunächst jedoch werden grössere Moralität und Aufrichtigkeit auf der einen Seite von der anderen Seite vermutlich mit Argwohn betrachtet: «Vielleicht ist es nur ein Trick.» «Vielleicht will man nur unsere Wachsamkeit einschläfern», wird man vermuten. Nur wenn die eine Seite dauerhaft auf einer Ebene höherer Redlichkeit und Moralität bleibt, kann die andere Seite langsam anfangen, sich weniger bedroht zu fühlen, weniger abwehrbereit und dafür vertrauensvoller zu sein. Durch diese Entlastung von Angst und Abwehr wird es dann auch ihnen möglich, sich redlicher und moralischer zu verhalten. Damit ist der Teufelskreis vielleicht durchbrochen.

Dies sind bekannte therapeutische Prinzipien. Aber es gibt noch andere Vorteile von moralischem Verhalten, die weniger bekannt sind, da sie eher in den östlichen Psychologien zu finden sind.

Diese Psychologien gehen davon aus, dass unmoralisches Verhalten nicht nur von Angst und Abwehr motiviert ist. Andere dafür verantwortliche destruktive Kräfte sind Abhängigkeiten und Aversionen oder Eifersucht und Faulheit. Ausserdem zeigen sie, dass jedes Verhalten nicht nur seinen Ursprung im Geist hat, sondern auch einen Eindruck im Geist hinterlässt und so die Kräfte, die es hervorgerufen haben, tendentiell verstärkt. Unmoralisches Verhalten verstärkt also leicht die Gefühle, die es hervorgebracht haben, wie Gier, Ärger und Eifersucht. Das Resultat ist wieder einmal ein Teufelskreis, durch den der Geist sich immer tiefer in leidvolle, destruktive Konditionierungen verstrickt.[3]

Der Weg, diesen innerpsychischen Kreislauf zu durchbrechen, liegt auch hier in der Praktizierung einer höheren Moral. Wenn wir Emotionen wie Angst oder Gier verspüren, die unmoralisches Verhalten motivieren, uns aber nicht dementsprechend verhalten, dann verringern und überwinden wir sie damit. Gleichzeitig kultivieren wir damit ihr Gegenteil, wie z. B. Mut, Grosszügigkeit und Ruhe, und entwickeln ein positiveres Selbstbild.[4] Zusammenfassend kann man sagen, dass Moralität psychologisches Wachstum und Reife fördert. Das ist der Grund, warum sie ein zentraler Bestandteil aller bedeutenden geistigen Schulen des Ostens ist.

Ich möchte noch eine Methode erwähnen, die östliche Psychologien zur Reduzierung von Feindseligkeit, Angst und Abwehr vorschlagen, die vorzüglich ist in ihrer Einfachheit. Sie lautet: Mache deinem «Feind» ein Geschenk![5] Man kann nur schwer Ärger und Abwehr empfinden, wenn man ein Geschenk empfängt, und das gleiche ist der Fall, wenn man eines gibt. Wie anders könnte diese Welt aussehen, würden wir nicht nur denen, die wir bereits schätzen, Geschenke machen, sondern auch denjenigen, die zu schätzen wir noch lernen müssen.

14 Eine Neuinterpretation der Motivation

Du reagierst auf das, was du wahrnimmst,
und entsprechend deiner Wahrnehmung wirst du dich verhalten.
Anonym

Wie wir auf Menschen reagieren, hängt nicht nur davon ab, wie sie sich uns gegenüber verhalten, sondern auch davon, wie sie sich unserer Meinung nach verhalten wollen. Unsere Reaktionen werden also dadurch bestimmt, wie wir ihre Motive wahrnehmen und interpretieren. Wenn wir meinen, dass jemand uns aus Hass und böser Absicht kritisiert, werden wir es ihm wahrscheinlich vergelten. Doch wenn wir das gleiche Verhalten auf Angst und Unsicherheit zurückführen, werden wir wahrscheinlich eher bereit sein zu verstehen und zu vergeben. Für uns gilt wie für Shakespeare: «Nichts ist gut oder schlecht, wenn das Denken es nicht dazu macht.»

Im Lichte von Abraham Maslows Studie über die Motivation wird dies noch wesentlich wichtiger. Maslow[1] unterscheidet zwischen Motiven, die primär aus einer Unfähigkeit, einem Bedürfnis oder Mangel entstehen, und solchen, die einem Gefühl der Fähigkeit und des Wohlbefindens entspringen. Jedes Motiv, so glaubt er, lasse sich einer dieser beiden Kategorien zuordnen. Jede Handlung sei entweder eine Kompensation für einen Mangel oder ein Ausdruck des Wohlbefindens.

Daraus folgt, dass alles, was wir sagen oder tun, und alles, was jeder andere uns gegenüber sagt oder tut, ein Ausdruck entweder von Fähigkeit und Wohlbefinden oder von Unfähigkeit und Angst ist. Wenn wir dies beachten, erschliesst sich uns eine ganz neue Sichtweise vom Verhalten aller Menschen – einschliesslich unseres eigenen – die sehr wichtig ist. Die entscheidende Frage ist, ob wir in der Lage sind, den Mangel und die Angst, die einem Verhalten zugrunde liegen, zu erkennen, auch wenn sie beispielsweise als Wut, Eifersucht und Aggression zum Ausdruck gebracht werden. Wenn wir sie erkennen können, werden wir wahrscheinlich auf eine heilende Art und Weise reagieren. Wenn nicht, werden wir wahrscheinlich aggressiv antworten und die Angst dadurch nur weiter verschlimmern.

Diese Fähigkeit, die zugrunde liegende Angst und Minderwertigkeit zu erkennen, ist eine Voraussetzung sowohl für erfolgreiche Psychotherapie als auch für die Entwicklung von Mitleid und Vergebung. Denn wenn man die wahren Motive eines anderen Menschen erkennt, hat das zur Folge, dass man mit ihm fühlt und ihn versteht. Durch das Verständnis werden Ärger und Ressentiment wie von selbst aufgelöst. Ein französisches Sprichwort sagt: «Alles verstehen heisst alles vergeben.» Darum bedeutet die tiefste Form der Vergebung nicht eine gewaltsame Unterdrückung berechtigten Ärgers, sondern seine natürliche Auflösung durch das Verstehen.

Aus Vergebung entsteht Heilung. Denn die Angst, die Unsicherheit und die Abwehr, die den ursprünglichen Angriff hervorbrachten, sind nicht durch einen weiteren Angriff verschlimmert worden. Sie sind vielmehr verstanden und in der Begegnung mit einem nicht verurteilenden Verständnis unnötig geworden.

Vergebung ist jedoch nicht nur eine Wohltat für den, der sie empfängt, sondern auch für den, der sie gibt. Wenn wir Angst und Minderwertigkeitsgefühle nicht erkennen können, sehen wir statt dessen Bosheit und Schlechtigkeit. Dann verurteilen und verdammen wir, werden wütend und aggressiv. Menschen, denen wir nicht vergeben können, fürchten und bekämpfen wir. Dadurch sind wir, auch wenn wir dies oft vergessen, ebenso ein Opfer unserer Angst und unserer Wut, wie die Menschen, die wir attackieren. Schliesslich treten die Gefühle, die wir gegen andere richten, zuerst in unserer eigenen Psyche auf. Dies ist auch der Grund, weshalb wir selbst an der heilsamen Wirkung teilhaben, wenn wir andere verstehen und ihnen vergeben.

Die tieferen Stufen der Vergebung sind also für beide Seiten eine

Heilung. Darum sehen die tieferen Lehren aller grossen Religionen in der Vergebung einen sehr effektiven Weg des Wachstums und propagieren nicht Verdammung oder Vernichtung des Bösen, sondern Verständnis und Vergebung. Denn «ein Geist, der das Urteilen hinter sich gelassen hat, der beobachtet und versteht»,[2] und Menschen, die in diesem Geiste leben, «verfolgen einen Übeltäter nur, um ihm den Weg zu zeigen».[3]

Mitleid und Vergebung haben jedoch nichts mit Passivität oder Verdrängung zu tun. Sie bedeuten *nicht,* dass wir anderen erlauben, auf uns herumzutrampeln oder uns auszunutzen, und sie bedeuten auch keine naive Verleugnung der Existenz zerstörerischer Motive wie Gier und Überheblichkeit. Sie wollen vielmehr die Angst und die Minderwertigkeitsgefühle auflösen, die diesen Motiven zugrunde liegen.

Die Implikationen dieser Ideen sind sehr weitreichend und stellen eine grosse Herausforderung dar. Sie bedeuten nämlich, dass unsere Aufgabe, wenn wir wirksam für eine Veränderung und das Überleben der Menschheit eintreten wollen, nicht darin bestehen kann, diejenigen, in denen wir eine Gefahr für uns und unseren Planeten sehen anzugreifen, sondern sie zu verstehen und ihnen zu vergeben. Das ist keine geringe Aufgabe. Es ist viel leichter und zunächst auch befriedigender, die, die wir fürchten oder hassen, anzugreifen, als uns in sie hineinzuversetzen.

Doch durch Angst und Hass sind so viele unserer gegenwärtigen Probleme geschaffen worden; der kalte Krieg und das Wettrüsten sind unübersehbare Beispiele. Wie kann man da glauben, dass es uns irgendwie weiterhilft, wenn wir das schon bestehende selbstmörderische Potential von Angst und Hass noch vergrössern? Oder wollen wir uns damit nur ein Ventil für unsere persönlichen Frustrationen und ein selbstgerechtes Überlegenheitsgefühl auf Kosten anderer verschaffen?

Ich glaube, dass sich diese Prinzipien genausogut auf die internationale wie auf die zwischenmenschliche Ebene anwenden lassen. Wenn es uns gelingt, uns der Angst, der Unsicherheit und der Minderwertigkeitsgefühle bewusst zu werden, die den Spannungen auf internationaler Ebene oft zugrunde liegen, können wir vielleicht damit beginnen, automatische Reaktionen wie Angst und Paranoia und die daraus entstehenden Verurteilungen, Aggressionen und Angriffe abzubauen.[4] Vielleicht könnte dies den Teufelskreis von Paranoia und Gegenbeschuldigung aufbrechen. Ein tieferes Verständnis der Motivation gibt uns daher ein strategisches Mittel an die Hand, mit dessen Hilfe wir aus dem Morast der endlosen Anklagen und Gegenanklagen herauskommen, der für so viele internationale Beziehungen charakteristisch ist und der leicht das Ende aller Beziehungen bedeuten könnte.

15 Die Erkenntnis des uns allen gemeinsamen Selbst

Siehst du dich selbst in anderen,
wen kannst du noch verletzen,
wem Schaden zufügen?
Buddha

Therapeuten, die mit gestörten Beziehungen in Familien oder Organisationen arbeiten, wissen, dass es eine ihrer ersten und wichtigsten Aufgaben ist, ihren Klienten Bereiche von gemeinsamen Zielen und Erfahrungen bewusst zu machen. Einem Globalpsychologen, der unseren kranken Planeten heilen möchte, stellt sich die gleiche Aufgabe.

Da viele unserer gegenwärtigen Schwierigkeiten keine Rücksicht auf traditionelle Grenzen nehmen, ist diese Arbeit gerade heute so wichtig. Die verschiedenen ökonomischen, gesellschaftlichen und kulturellen Systeme werden in immer stärkerem Masse voneinander abhängig. Die sich abzeichnende Gefahr, dass einige der ärmsten Länder vielleicht nicht in der Lage sein könnten, die Milliardenkredite, die sie erhalten haben, zurückzuzahlen, lässt das internationale Finanzsystem erzittern. Eine Rezession in den Vereinigten Staaten lässt überall in der Welt Millionen Menschen arbeitslos werden. Ökologische Schäden, Luftverschmutzung und radioaktive Verseuchung machen vor nationalen Grenzen nicht halt. Mit jeder neuen Erschütterung wird deutlicher, dass unsere Biosphäre – die Gesamtheit von Erde, Wasser, Luft, Pflanzen und Tieren – als ein eng miteinander verwobenes Ganzes funktioniert. Eine Veränderung an irgendeinem Teil beeinflusst alle anderen Teile. Wir werden immer stärker zu der Einsicht gezwungen, dass wir das, was wir anderen antun, uns selbst antun. Jerome Frank formulierte das so: «Es ist ein psychologisches Problem, wie wir es allen Menschen klarmachen können, dass die Erde im Begriff ist, zu einer einzigen Gemeinschaft zu werden, ob es uns nun gefällt oder nicht.» [1]

Als Globaltherapeuten wollen wir uns daher gegenseitig helfen zu erkennen, dass so viele der Probleme, mit denen wir es zu tun haben, uns alle angehen, dass sie jeden einzelnen von uns bedrohen. Wir wollen z. B. die Erkenntnis fördern, welche umfassenden ökonomischen, gesellschaftlichen und psychologischen Belastungen uns das Wettrüsten aufbürdet. Wir wollen uns bewusst machen, wie die Armut nationale und internationale Spannungen verschärft, wie sie den Handel einschränkt, den Armen Leid auferlegt und bei den Reichen Unbewusstheit und Abwehr erzeugt.

Die Tatsache, dass diese Gefahren und Belastungen uns alle gemeinsam betreffen, ist ein besonders wichtiges und merkwürdigerweise auch hoffnungsvolles Zeichen. Hoffnungsvoll deshalb, weil Bedrohungen, die uns gemeinsam betreffen, eine sehr wirksame Kraft zur Förderung von Zusammenarbeit und Freundschaft sind. Wenn Menschen sich gemeinsam einer Bedrohung gegenübersehen, dann haben sie ein gemeinsames Ziel. Sie vergessen dann alte Streitigkeiten und schliessen sich für ihr Gemeinwohl zusammen. Dies gilt ganz besonders dann, wenn die Herausforderung so gross ist, dass keine Gruppe sie allein bewältigen kann. Experimente beweisen, dass die Zusammenarbeit an solchen Aufgaben wohl die effektivste Methode ist, um Feindseligkeiten in einer Gruppe aufzulösen.[2] Aus diesem und vielen anderen Gründen ist es von entscheidender Bedeutung für unser Überleben, dass wir die Zusammenarbeit ermutigen. In einer Welt wachsender gegenseitiger Abhängigkeit haben wir, wie Martin Luther King Jr. sagte, wohl nur eine Alternative: «Entweder wir leben zusammen als Brüder, oder wir sterben zusammen als Toren.»

Wir wollen uns zu der uns allen gemeinsamen Menschlichkeit bekennen, die den kulturellen und ideologischen Unterschieden zugrunde liegt, die uns so oft trennen und uns scheinbar zu Fremden, ja sogar zu Feinden machen. Wir wollen auch eingestehen, dass wir alle bis zu einem gewissen Grad an den Ängsten, Missverständnissen und Abwehrhaltungen mitgewirkt haben, die unsere Konflikte und Schwierigkeiten geschaffen haben. Aber wir wollen uns auch zu unseren gemeinsamen menschlichen Stärken bekennen, zu unseren Hoffnungen und Idealen und zu dem Altruismus, der uns nach Glück und Wohlergehen, nach Liebe und Geborgenheit für alle streben lässt.

Unsere Aufgabe ist es also, daran zu arbeiten, den Schwerpunkt unserer Aufmerksamkeit statt auf unsere Unterschiede auf unsere Gemeinsamkeiten zu richten, von einer dualistischen Betonung konkurrierender Gruppen und Kulturen zu einer vereinigenden Wertschätzung unserer gemeinsamen Menschlichkeit zu gelangen, von einer fragmentarischen Sichtweise, in der wir selbst von der Natur getrennt und die Natur in Teile zergliedert ist, zu einer ganzheitlichen Anschauung zu finden, die die Einheit und Verwobenheit aller Teile erkennt. Jeder Mensch, dem wir begegnen, jede Situation, jede Interaktion stellt uns vor eine Entscheidung. Wir müssen entscheiden, ob wir uns selbst vom anderen abgrenzen, oder ob wir hinter dem Anderssein unser gemeinsames Selbst sehen wollen; ob wir uns von anderen Menschen und von der Welt getrennt und unabhängig sehen wollen oder als jemand, der alles beeinflusst und der von allem beeinflusst wird.

Dies ist eine wichtige Entscheidung. Von der von uns gewählten Art, uns selbst und unsere Beziehungen zur Welt zu sehen, hängt vielleicht das Schicksal der Welt und damit auch unser eigenes ab. Das zentrale menschliche Problem, sagte der grosse humanistische Psychiater Erich Fromm[3], ist es, «wie wir die Getrenntheit überwinden können, wie wir Vereinigung erreichen können, wie wir unser individuelles Leben transzendieren und zur Einheit finden können.» Denn «überall, wo es das andere gibt, gibt es Angst».[4]

Glücklicherweise hat anscheinend ein Umdenken in die richtige Richtung begonnen. Der Herausgeber der Zeitschrift *Foreign Affairs* schrieb:

Etwas, das den Nationalismus überwindet, fasst langsam Fuss in der Welt ... es gibt Anzeichen dafür, dass sich ein Gefühl für die Gemeinsamkeit des menschlichen Schicksals entwickelt ... die Weltpolitik geht einer sehr düsteren Zukunft entgegen, wenn dieses internationale Gefühl nicht von nun an stetig wächst.[5]

Albert Einstein war der gleichen Meinung und ging noch weiter, indem er sagte:

> Der Mensch ist Teil jenes Ganzen, das wir Universum nennen, ein in Zeit und Raum begrenzter Teil. Er erfährt sich selbst, seine Gedanken und Gefühle in einer Art optischen Täuschung seines Bewusstseins als ein vom übrigen getrenntes Wesen. Diese Täuschung ist wie ein Gefängnis für uns, das uns auf unsere persönlichen Wünsche und auf die Zuneigung zu einigen wenigen uns nahestehenden Menschen beschränkt. Wir müssen es uns zur Aufgabe machen, uns aus diesem Gefängnis zu befreien, indem wir den Wirkungskreis unseres Mitleids auf alle lebenden Geschöpfe und auf die Natur in ihrer ganzen Schönheit ausdehnen.[6]

Teil 4
Leben am Rande des Abgrunds

16 Die psychologischen Auswirkungen der Bedrohung für das Überleben der Menschheit

Jeder von uns ist aufgerufen, etwas zu tun, was keinem Angehörigen irgendeiner Generation vor uns jemals aufgegeben war zu tun: die Verantwortung für das Fortbestehen unserer Art zu übernehmen – sich für das menschliche Überleben zu entscheiden ... Die Gefahr der vollständigen Vernichtung ist nicht einfach nur ein Punkt mehr auf der Liste von Problemen, mit denen wir es zu tun haben. Da diese Gefahr über Leben und Tod aller Menschen auf der Erde und aller zukünftigen Generationen entscheidet, umfasst und überschreitet sie alle anderen Probleme.
Jonathan Schell

Unsere bisherige Art zu denken und zu handeln, hat uns an einen Wendepunkt in unserer Evolution geführt. Wir haben die deutliche Möglichkeit unserer individuellen und kollektiven Auslöschung vor Augen. Diese Möglichkeit wirkt sich ganz offen sichtbar, aber auch verborgener, sehr direkt aber auch mit weitreichenden Konsequenzen auf unser ganzes Leben aus. Es ist eine Zeit, die sehr viel Stress und Herausforderung bedeutet, die grosse Gefahren, aber auch grosse Möglichkeiten in sich birgt, die Rückschritte, aber auch Evolution bedeuten kann. Unser Schicksal wird davon abhängen, welche Seite sich durchsetzt, und dies wiederum hängt ab von einer Entscheidung, für die wir die Verantwortung übernehmen müssen.

Ein altes Sprichwort sagt: «Das Leben wird dich entweder aufreiben oder auf Hochglanz bringen.» Dies liegt in unserer Hand. Auf der einen Seite können wir mit einer Verschlimmerung von Angst, Abwehr und Aggression reagieren und damit auf immer gefährlichere Wege geraten. Auf der anderen Seite können wir die Situation als Ansporn nutzen, unsere Werte und Entscheidungen zu überdenken, die psychologische Dynamik, mit der wir uns in solche Gefahren gebracht haben, zu erforschen und zu lösen und damit unsere individuelle und kulturelle Reifung zu beschleunigen. Niemals zuvor in der menschlichen Geschichte ist der Einsatz höher gewesen.

NEGATIVE PSYCHOLOGISCHE AUSWIRKUNGEN

Welches sind nun die negativen psychologischen Auswirkungen dieser Bedrohungen?

Die Erforschung dieser Probleme war bisher auf die atomare Bedrohung beschränkt. Diesbezügliche Untersuchungen zeigen deutlich, dass sowohl Erwachsene als auch Kinder von der atomaren Problematik tief berührt sind. Eine grosse Anzahl amerikanischer und sowjetischer Kinder erwarten während ihres Lebens einen Atomkrieg, bezweifeln, dass sie ihn überleben werden und berichten von Gefühlen der Wut, der Ohnmacht und der Verzweiflung.[1] Einige Menschen, die von dem Unfall im Three Mile Island Atomreaktor in Harrisburg bedroht waren, klagten noch ein Jahr später über Stresssymptome.[2] Wenn man sich vor Augen hält, wie relativ geringfügig dieser Unfall war, dann wird klar, dass die psychologischen Konsequenzen eines Atomkriegs unvorstellbar sind. Auch nach vier Jahrzehnten ist das Leiden der Überlebenden von Hiroshima und Nagasaki noch nicht zu Ende.[3]

Über die psychologischen Auswirkungen anderer globaler Bedrohungen gibt es nur sehr wenige Forschungsergebnisse. Umweltverschmutzung kann eine Reihe psychologischer Probleme verursachen, aber wir haben noch keine detaillierten Informationen über die Auswirkungen dieser anderen Bedrohungen.

Einige dieser Wirkungen müssen katastrophal sein. Die massive Lebensbedrohung, der sich Hunderte von Millionen Menschen in der dritten Welt tagtäglich gegenübersehen, führt wahrscheinlich zu psychologischen Belastungen in einem für uns in den entwickelten Ländern kaum vorstellbaren Ausmass. Es ist schwer, sich in den Schmerz hineinzuversetzen, den es mit sich bringen muss, nicht nur selbst von Hunger und vermeidbarer Krankheit bedroht zu sein, sondern auch seine Kinder sinnlos sterben zu sehen. Solche Erfahrungen führen vermutlich nicht nur zu individueller Psychopathologie, son-

dern auch zu Ressentiment, Gewalt und gesellschaftlichem Zusammenbruch.

Dieselben psychologischen Abwehrhaltungen, Verzerrungen und
Entfremdungserscheinungen, die die globalen Krisen mit verursachen,
können auch eine Folge von ihnen sein. Denn je mehr der Stress zunimmt, desto grösser wird auch die Versuchung, sich in Abwehr und
Oberflächlichkeit zu flüchten. Doch Verleugnung, Verdrängung und
andere Abwehrmechanismen bezahlen wir immer mit einem Verlust an
Bewusstheit, Authentizität und Effektivität. Mit der Verleugnung der
Realität verleugnen wir auch das volle Potential unserer Menschlichkeit. Wenn wir unser Bild von der Welt verzerren, verzerren wir auch
unser Bild von uns selbst. Wenn wir Angst haben, die Welt zu sehen,
haben wir auch Angst, uns selbst zu sehen. Dadurch bleiben wir uns der
Kraft und der Möglichkeiten unbewusst, die in uns liegen, die uns aus-
machen und die der Reichtum sind, den wir der Welt schenken können.
Mit anderen Worten, der Preis, den wir dafür zahlen, dass wir nicht
bereit sind, die Welt so zu sehen, wie sie ist, ist die Unkenntnis und
Unterschätzung unserer selbst.

Auch hier haben wir es wieder mit einem Teufelskreis zu tun. Denn
es ist vor allem unser Gefühl der Unfähigkeit und Verletzlichkeit, das
uns dazu bringt, Abwehrmechanismen aufzubauen und uns unange-
messen zu verhalten. Dies ist Teil der Ursachen unserer weltweiten
Probleme, und diese wiederum verleiten uns zu noch mehr Abwehr. Auf
der individuellen wie auf der globalen Ebene gilt gleichermassen, dass
Abwehrmechanismen das erschaffen, zu dessen Abwehr sie entwickelt
werden.

Zu diesem Kreislauf gesellt sich dann oft noch die erdrückende Last
der Schuld. Denn wie verzweifelt wir auch verdrängen mögen, unsere
Abwehr ist niemals ganz perfekt. Früher oder später setzt sich trotz
unserer gut bewachten Barrieren die Erkenntnis durch, wie privilegiert
wir im Vergleich mit so vielen anderen Menschen sind und wie wenig
sinnvoll die meisten unserer Reaktionen auf das Leiden der Welt sind.
Mit dieser Erkenntnis schleichen sich Schuldgefühle ein. Das Schuldgefühl des gescheiterten Idealismus entsteht, wenn wir erkennen müssen,
dass wir unseren eigenen Massstäben nicht genügen. «Das Schuldgefühl
des Überlebenden» entsteht, wenn wir die Ungerechtigkeit einer Welt
zugeben, in der wir selbst überleben, während Millionen von Menschen, die nicht weniger empfindsam und menschlich sind und ebenso
einen Anspruch auf Glück haben wie wir, leiden und sterben.

Schuld sucht immer irgendeinen Verantwortlichen und ist dabei nicht besonders wählerisch. Wenn es uns selbst trifft, verdammen und erniedrigen wir uns selbst und verschlimmern damit die Minderwertigkeits- und Unfähigkeitsgefühle, die das ganze Problem ins Rollen gebracht haben. Trifft es andere, dann suchen wir nach Menschen, die wir zum Sündenbock machen können. Das können sogar die Opfer selbst sein, wenn wir dem sogenannten «Gerechte-Welt-Syndrom» aufsitzen. Dieses besteht darin, dass wir versuchen, das Leiden dieser Menschen durch die Behauptung zu rechtfertigen und zu rationalisieren, die Ursache ihrer Probleme liege in der Faulheit, der Inkompetenz oder der Dummheit der Opfer selbst. Dies ist eine der Gelegenheiten, wo der Vergebung, für uns selbst wie für andere, eine entscheidende Rolle zukommt.

Zusammenfassend kann man sagen: Solange wir nicht bereit sind, die Welt und uns selbst ungeschminkt anzusehen, solange werden unsere Reaktionen auf die Probleme der Welt nur die Verhaltensweisen und Abwehrmechanismen verstärken, durch welche die Probleme ursprünglich geschaffen wurden.

MÖGLICHE POSITIVE AUSWIRKUNGEN

Andererseits stecken in diesen Bedrohungen aber auch grosse Möglichkeiten. Grosse Gefahren bringen grosse Taten hervor. In der Geschichte finden sich viele Beispiele menschlicher Grösse in Zeiten der Gefahr und der Verzweiflung. Von Konzentrationslagern etwa wissen wir, dass sie nicht nur Orte des Todes waren, sondern dass sie oft auch Orte waren, in denen der menschliche Geist zu höchster Blüte kam, wo Menschen ausserordentlichen Mut, Mitleid und Opfersinn bewiesen und wo bemerkenswertes psychologisches Wachstum, philosophische Reflexion und religiöse Inspirationen stattfanden.[4]

Könnten unsere gegenwärtigen globalen Bedrohungen nicht ähnliches bewirken? Könnten sie nicht auch unsere Grösse und die in uns verborgenen Möglichkeiten zum Vorschein bringen? Vielleicht können uns die gänzlich neuen Bedrohungen unserer Zeit zu einem nachdenklicheren Leben und zu mehr Engagement aufrufen. Wenn wir dies zulassen, helfen sie uns vielleicht dabei, unsere Abwehr abzustreifen und uns mit dem wahren Zustand der Welt und mit unserem Anteil an seiner Verursachung zu konfrontieren. Vielleicht bringen sie uns dazu, unser Leben und unsere Werte mit einer ganz anderen Dringlichkeit und Tiefe zu überprüfen und uns vielleicht zum ersten Mal voll und ganz den grundlegenden Fragen des Lebens zu öffnen.

Diese Öffnung, diese Bereitschaft zu fragen und uns selbst und die Welt realistisch zu sehen, kann für unser Überleben, aber auch für unser psychologisches Wohlergehen, von entscheidender Bedeutung sein. Sich diesen grundlegenden Fragen des Lebens ganz zu öffnen, ist nicht nur ein Merkmal, sondern auch eine Ursache psychologischer Gesundheit.[5] Wenn wir bereit sind, die Realitäten unserer eigenen Sterblichkeit, des riesigen Ausmasses vermeidbaren Leidens in der Welt, des Umsichgreifens von Unmenschlichkeit, Gier, Hass, Verblendung und Abwehr, unserer eigenen gefährdeten Existenz und der unserer Familien und Mitmenschen zu erkennen, sind wir motiviert zu fragen und nachzudenken. Dann können wir offen dafür sein, neue und tiefere Ebenen von Bedeutung, Sinn und Angemessenheit unseres Lebensstils, unserer Beziehungen, unserer Werte und unserer persönlichen und nationalen Ziele zu erkunden. Die religiösen Lehrer früherer Jahrhunderte und die modernen Psychologen haben immer wieder deutlich gemacht, dass wir in dem Masse, in dem wir uns mit diesen Problemen aufrichtig und mit ganzer Kraft stellen, erwachsen werden und einen wirklichen Beitrag leisten können. Eine solche Auseinandersetzung wird uns wahrscheinlich Einsichten in die Zerbrechlichkeit und Kostbarkeit des Lebens und in die Gemeinsamkeit unserer Menschlichkeit vermitteln; sie wird uns zeigen, wie oft wir unbewusst, gedankenlos und unsensibel waren, und uns bewusst machen, dass wir tief in uns das Bedürfnis verspüren, ein Leben der Bewusstheit, der Moral, des Mitleids und des Engagements zu führen.[6]

Solche Reaktionen entstehen meist wie von selbst aus der Bereitschaft, die Dinge so zu sehen, wie sie wirklich sind. Denn wenn man das Ausmass sinnlosen Leidens in der Welt sieht, fühlt man auch Mitleid; wenn man den Preis der Abwehr erkennt, entwickelt man den Wunsch, sie aufzugeben; wenn man sieht, was unser Lebensstil unserem Planeten antut, möchte man ein vernünftigeres Leben führen. «Bewusstsein an sich kann in und durch sich selbst heilend sein.»[7] Sehen wir also uns selbst und die Dinge, wie sie wirklich sind! Das ist entscheidend für psychologisches Wachstum und Wohlbefinden jedes einzelnen und für das Wohlergehen und Überleben der Menschheit.

Ein solches psychologisches Wachstum ist äusserst wünschenswert, vielleicht sogar lebenswichtig. Denken wir daran, dass psychologische

Unreife einer der Hauptgründe für unser Dilemma ist! Es ist also gut möglich, dass unser Überleben von unserer individuellen und gesellschaftlichen Entwicklung abhängt. Wenn wir überleben wollen, müssen wir wahrscheinlich Erfindungsreichtum und Weisheit, Kooperation und Mitleid, Nächstenliebe und Toleranz in einem noch nicht dagewesenen Ausmass entwickeln. Gleichzeitig war die Notwendigkeit noch niemals grösser, Aggressivität und Abwehr, Selbstsucht und Materialismus, Konkurrenz und Konsumverhalten abzubauen. Entweder leben wir als reife Erwachsene miteinander oder wir sterben miteinander als selbstsüchtige, zankende Kinder. Die einzige Alternative zur Nicht-Zusammenarbeit ist wahrscheinlich die Nicht-Existenz.

DER AUFRUF ZUM DIENEN

Die einzigen unter euch, die wirklich glücklich sein werden, sind diejenigen, die eine Möglichkeit des Dienens gesucht und gefunden haben.
Albert Schweitzer

Eine andere heilsame Reaktion, die wir vielleicht erwarten können, ist eine Zunahme von Engagement und der Bereitschaft zum Dienst am Nächsten. Es gibt viele Forschungsergebnisse, die darauf hinweisen, dass psychisch gesunde Menschen sich oft in ganz besonderem Masse um das Wohlergehen anderer kümmern.[8] Wenn es uns also gelingt, in unserer gegenwärtigen Krise ein reiferes Verhalten zu entwickeln, dann wird dies auch mehr Mitleid und Engagement beinhalten.

Doch auch unabhängig davon, ob es uns gelingt, bedeutsame Schritte in Richtung psychologischer Reife zu machen oder nicht, werden sich wahrscheinlich immer mehr Menschen motiviert fühlen, etwas zu tun und sich zu engagieren. Es ist eines der hoffnungsvollsten Zeichen, wie schnell die Zahl der Menschen zunimmt, die in irgendeiner Form etwas zur Lösung der weltweiten Probleme beitragen wollen. Gruppen, die sich für Ökologie, soziale Verantwortung, freiwillig gewählte Einfachheit, Einfrieren der Atomwaffen usw. einsetzen, sind nicht länger kaum wahrnehmbare Untergrundbewegungen, sondern unübersehbare, ständig wachsende Kräfte, die für die Erhaltung unseres Planeten kämpfen. Wohl mehr als die Hälfte aller Bücher über Ökologie sind in den letzten zehn Jahren veröffentlicht worden, die Hälfte aller Bücher, die Atomwaffen zum Thema haben, innerhalb der letzten fünf Jahre. Im Jahre 1983 stufte die Mehrheit der amerikanischen Bevölkerung die Gefahr eines Atomkriegs als das dringlichste Problem ein. Innerhalb von nur sechs Jahren haben sich über zwei Millionen Menschen dem Hunger-Projekt angeschlossen, einer Gruppe, die sich vorgenommen hat, bis zum Jahr 2000 den Hunger aus der Welt zu schaffen. Diese Liste ist lang und wird ständig länger; es ist eine ermutigende Entwicklung, dass bei immer mehr Menschen die globalen Bedrohungen Besorgnis auslösen und die Bereitschaft entstehen lassen, etwas zu tun. Der Wettlauf zwischen unserem Engagement und der Katastrophe hat begonnen.

Beiträge in jeder Form sind nötig: Briefe schreiben, Fortbildung, Vorträge halten, Darstellung in den Medien, Veröffentlichungen, Aufbau einer politischen Lobby, Spenden und vieles andere mehr. Aber da das grundlegende Problem psychologischer Natur ist, brauchen wir ganz besonders Menschen, die diese Dinge nicht nur tun, sondern die sie auch aus einem tiefen Verständnis der zugrundeliegenden psychologischen Prinzipien und Probleme heraus tun.

Wir brauchen Menschen, die sich zwei Arten von Dienen zum Ziel gesetzt haben: zum einen die Linderung der Symptome des Leidens in der Welt und zum anderen psychologische Bewusstwerdung, sowohl die eigene als auch die anderer, um die psychischen Ursachen dieses Leidens zu lindern und um selbst effektiver zu werden. Denn, wie Jerome Frank und viele andere immer wieder betont haben: «Jede Veränderung muss in uns selbst beginnen.»[9] Selbst die weitreichendsten gesellschaftlichen und globalen Transformationen müssen alle an einem Ort ihren Ausgangspunkt nehmen: in uns selbst. «Wenn du ernsthaft etwas an dem Leiden der Menschheit ändern möchtest, musst du die einzige Hilfsquelle, die du hast, vervollkommnen – dich selbst.»[10]

Wenn wir also diesen zweifachen Ansatz (Symptomlinderung und kausale Therapie) bei uns selbst und bei der Arbeit für die Welt benötigen, dann scheint es vernünftig, diese beiden Aspekte miteinander zu verbinden. Es ist sinnvoll, an unsere Arbeit so heranzugehen, dass wir dabei lernen und wachsen. Dieser Ansatz wird in vielen Formen des Dienens praktiziert; das klassische Beispiel ist die jahrtausendealte östliche Tradition des Karma Yoga. Dies ist eine Disziplin des Dienens und der Arbeit in der Welt, bei der Dienen und Arbeiten als Chancen zum Lernen und zur Bewusstwerdung angesehen werden. Das Ziel ist uneigennütziges Dienen, das gleichzeitig Leiden lindert und uns selbst und andere zur Erleuchtung führt. Der Sinn dieses Vorgehens liegt in der gleichzeitigen Behandlung der Symptome und der Ursache, des Selbst und der anderen, der Psyche und der Welt.

Menschen, die mit diesem Ansatz arbeiten, gehen tiefer in sich hinein, um effektiver in die Welt hinausgehen zu können; sie gehen in die Welt, um tiefer in sich selbst hineingehen zu können. Je tiefer ihre Selbsterforschung geht und je grösser ihr psychologisches Verständnis wird, desto besser können sie erkennen, dass viele der psychologischen Faktoren, die unsere Krise verursacht haben, von allgemein anerkannten kulturellen Überzeugungen, Werten und Verhaltensweisen herrühren. Deshalb müssen sich diese Menschen, um möglichst effektiv zu sein, den einschränkenden und verzerrenden kulturellen Vorurteilen entziehen. Dies ist der Prozess der «Auflösung der Stammeszugehörigkeit», durch den ein Mensch von einer ethnozentrischen zu einer weltumspannenden Sicht reift; aus dem Gefühl «mein Vaterland über alles» wird das Gefühl «unser Planet», aus der Identifikation mit einer Gruppe oder Nation wird die Identifikation mit der Menschheit. Ein Mensch, der diesen Weg geht, entwickelt «Perspektive» – d. h. die Fähigkeit, sich in die Sichtweise anderer Menschen hineinzuversetzen – er wird «weniger abhängig von Bestätigung durch die eigene Gruppe, kann die Werte der eigenen Gruppe eher in Frage stellen und das Leben aus einer universellen Sicht betrachten».[11] Das Ergebnis ist, dass die kulturellen Vorurteile ihn nicht mehr blind machen, sondern dass er sie als solche erkennt und somit an ihnen arbeiten kann, um eine Veränderung zu bewirken.[12]

17 Eine evolutionäre Perspektive

Wir sind gezwungen zu überdenken, was das Leben für uns bedeutet, und in welche Richtung wir gehen wollen. Wir müssen das Wichtige vom Trivialen, das Dauerhafte vom Vergänglichen unterscheiden und ein alternatives Bild der menschlichen und gesellschaftlichen Möglichkeiten entwerfen, das in unsere kollektive Phantasie eingeht und uns eine neue Richtung weist.
Duane Elgin

Wir haben eine Weltsituation geschaffen, die, wenn wir überleben wollen, offensichtlich völlig neue Formen psychologischer und gesellschaftlicher Reifung von uns fordert. Bis jetzt ist es uns immer noch gelungen, psychologische Fehler auszugleichen oder zu verdecken. Wir konnten ohne Angst vor Rohstofferschöpfung konsumieren, ohne Angst vor Umweltverschmutzung Müll produzieren, ohne Angst vor Überbevölkerung Kinder gebären und ohne Angst vor völliger Vernichtung kämpfen. Wir konnten unsere psychologische Unreife ausagieren, statt sie zu verstehen und zu überwinden; wir konnten uns unseren Abhängigkeiten hingeben, statt sie abzubauen, und immer wieder die gleichen neurotischen Muster nachvollziehen, statt uns aus ihnen zu lösen. Doch wenn man sich die Welt als eine Bühne vorstellt, dann ist sie jetzt nicht mehr gross genug, als dass wir alle unsere psychologische Unreife auf ihr inszenieren könnten. Es ist an der Zeit, dass wir erwachsen werden, und wir selbst haben die Situation geschaffen, die uns dazu zwingen kann.

Das Erwachsenwerden, die psychologische Reifung und die Bewusstseinsentwicklung, die von uns gefordert sind, sind eine Form der Evolution; denn Evolution vollzieht sich sowohl in den Körpern als auch im Geist, sowohl in der Materie als auch im Bewusstsein.[1] «Evolution ist ein Aufstieg zum Bewusstsein», schrieb Teilhard de Chardin, eine Anschauung, die wir auch bei Denkern des Ostens wiederfinden, z. B. bei Aurobindo, der sagte, dass «Evolution des Bewusstseins das zentrale Motiv unseres irdischen Daseins ist» und dass unser nächster evolutionärer Schritt «ein Wandel des Bewusstseins» sein wird.[2]

Diese Evolution hat eine neue Qualität, denn es ist eine bewusste Evolution, eine bewusste Wahl unserer Zukunft, die zwar von der Notwendigkeit getrieben wird, jedoch durch unsere freie Entscheidung gelenkt werden muss.[3] «Der Mensch steht auf dem Gipfel der evolutionären Woge», sagte Aurobindo.[4] «In ihm vollzieht sich der Übergang von einer unbewussten zu einer bewussten Evolution.» Dies bedeutet nicht mehr nur Evolution, sondern Evolution der Evolution.

Da unsere globale Krise schnellere Entwicklung und Reifung von uns fordert, könnte sie wie ein evolutionärer Katalysator wirken. Die Notwendigkeit ist nicht nur die Mutter der Erfindung, sondern vielleicht auch die Mutter der Evolution.

Dies wirft ein gänzlich neues Licht auf unsere Situation. Aus dieser Perspektive stellt sich unsere gegenwärtige Krise nicht nur als Katastrophe, sondern auch als evolutionäre Herausforderung dar, nicht nur als Sog in Richtung Regression und Auslöschung, sondern auch als Antrieb zu neuen evolutionären Höhen. Man könnte sie als einen Appell an jeden einzelnen von uns betrachten, sowohl individuell als auch kollektiv die grösstmöglichen Anstrengungen zu unternehmen, uns weiterzuentwickeln und uns zu engagieren. Diese Perspektive gibt uns eine Vorstellung von unserer Zukunft und motiviert uns, auf sie hin zu arbeiten.

Man könnte natürlich fragen, ob dies nicht ein etwas idealistisches Bild ist. Das ist es tatsächlich! Aber ich denke, dass dies nichts Negatives ist. Denn zum einen scheinen wir in unserer Situation Ideale sehr nötig zu haben und zum anderen können idealistische Vorstellungen, wenn man richtig mit ihnen umgeht, sehr hilfreich sein.

Leider ist die Art und Weise, in der wir normalerweise mit Idealen umgehen, alles andere als geschickt. Auf der einen Seite neigen wir dazu, sie als unerreichbar zu betrachten, und machen uns über sie lustig oder resignieren. Auf der anderen Seite sind sie für uns ein Grund, uns selbst zu bestrafen, wenn wir sie nicht erreicht haben. Beide Ansätze sind eine gute Methode, uns mehr Kummer zu bereiten.

Aber es gibt auch eine bessere Art, mit Idealen umzugehen. Dazu ist es erforderlich, dass wir sie nicht als Ziele betrachten, die wir um jeden Preis erreichen müssen, sondern als Leitbilder oder Visionen, die unserem Leben und unseren Entscheidungen den Weg weisen und eine Richtung geben können. Solche Bilder ziehen uns an und helfen dadurch dabei mit, die Ideale und gleichzeitig uns selbst zu verwirklichen.

Auf diese Weise sollten wir auch mit dem evolutionären Bild von unserer gegenwärtigen Situation und den Entwicklungsfortschritten, die es hervorrufen könnte, umgehen. Es ist wichtig, dass wir es nicht von vorneherein als hoffnungslos idealistisch abtun. Wir sollten es vielmehr als eine Möglichkeit betrachten, einen Weg zu finden, auf dem wir unsere gegenwärtigen Schwierigkeiten überwinden und auf dem wir unser Potential sowohl als einzelne als auch als Gattung entwickeln können.

Diese Herausforderung zu persönlichem Wachstum und evolutionärem Fortschritt sind die erfüllendsten Aufgaben, für die wir uns einsetzen können. Dieser Drang, ein höheres Bewusstsein zu entwickeln, das volle menschliche Potential zu verwirklichen und unsere Grenzen zu überschreiten, gehört zu den Haupttriebkräften des Menschen. Jedenfalls ist das die Ansicht der humanistischen, der transpersonalen, der jungianischen, der östlichen und einiger existentialistischer Psychologen. «Die grundlegende Tendenz zur Selbstverwirklichung ist die einzige Triebkraft, die in diesem System postuliert wird», sagte der grosse humanistische Psychologe Carl Rogers.[5]

Dieses Verlangen zu erfüllen, kann deshalb zutiefst befriedigend sein. Versäumen wir jedoch, es zu erfüllen, kann das nicht nur zu einem Stillstand des Wachstums führen, sondern auch zu einer ganz besonderen Form von seelischem Leiden, die oft unerkannt bleibt. Denn wenn diese Bedürfnisse nach Selbstverwirklichung nicht befriedigt werden, hat dies sehr subtile, das existentielle Grundgefühl beeinflussende Auswirkungen, die oft übersehen werden. In früheren Jahrhunderten befassten sich mit diesen Problemen eher religiöse Menschen, Historiker und Philosophen unter dem Aspekt spiritueller oder religiöser Unzulänglichkeiten und nicht wie heute Ärzte, Wissenschaftler oder Psychologen», sagte Abraham Maslow.[6] Er bezeichnete sie als «Metapathologien» und nannte als Beispiele dafür Entfremdung, Sinnlosigkeit, Zynismus und die verschiedenen Formen existentieller, philosophischer und religiöser Krisen. Dies sind genau die Symptome, an denen die westlichen Gesellschaften in den vergangenen Jahrhunderten in immer stärkerem Masse kranken[7] und die zu der ständig wachsenden gesellschaftlichen Unruhe beitragen. Mit anderen Worten, die gleichen Symptome von Unreife und mangelndem psychologischen Wachstum, die unsere globalen Krisen verursachen, könnten auch dem weitverbreiteten psychologischen Unbehagen unserer Zeit zugrunde liegen.

Es kann also in vieler Hinsicht hilfreich sein, unsere globale Krise unter dem Gesichtspunkt eines möglichen Katalysators der Evolution zu betrachten. Es liegen Forschungsergebnisse vor, die zeigen, dass Menschen, die sich in einer lebensbedrohenden Krise befinden, das verzweifelte Bedürfnis haben, ihr Selbstvertrauen wiederherzustellen, indem sie versuchen, die Situation in die Hand zu nehmen und einen Sinn in ihr zu entdecken.[8]

Eine evolutionäre Sichtweise erfüllt diese Bedürfnisse. Das Gefühl von Sinn, das sie uns vermittelt, ist sehr umfassend. Sie beinhaltet die Gesamtheit der Gefahren unserer Zeit, bezieht sich auf uns als einzelne sowie auf die gesamte Menschheit und überschreitet alle traditionellen nationalen und politischen Grenzen. Sie stärkt unser Selbstvertrauen, indem sie unsere gegenwärtige Situation nicht als den letzten Beweis menschlicher Unfähigkeit und Nichtigkeit betrachtet, sondern als eine selbst geschaffene Herausforderung, die uns auf unserer evolutionären Reise vorantreibt. Sie motiviert uns, die Situation wieder in die Hand zu nehmen und fordert durch diesen Prozess von uns, unser individuelles und kollektives Potential sehr viel tiefer auszuschöpfen als jemals zuvor in der Geschichte. Sie ist auch ein Mittel gegen die Metapathologien der Sinnlosigkeit und Entfremdung, die die entwickkelten Länder in den letzten Jahrzehnten befallen haben.

Psychologen haben mit ihren eigenen Theorien über das Wesen des Menschen die Macht, dieses Wesen des Menschen zu erheben oder herabzusetzen. Erniedrigende Annahmen erniedrigen den Menschen; grosszügige Annahmen erhöhen ihn.[9]

Eine evolutionäre Perspektive kann uns zu einer sinnvollen und inspirierenden Interpretation der katastrophalen Situation unserer Zeit verhelfen und gleichzeitig das Wesen des Menschen erhöhen.

Ähnliche Anschauungen haben sich auch schon in früheren Zeiten grossen Wandels entwickelt. Eine Analyse der wenigen wirklich grossen Transformationen des menschlichen Selbstbildes in der Geschichte ergibt, dass sie alle eine umfassende Synthese des Wissens und eine evolutionäre Sichtweise der Menschheit beinhalteten.[10] Grosse Denker wie Platon und Thomas von Aquin, die diese Transformationen sehr stark inspiriert haben, hielten es für die wichtigste Aufgabe der Menschheit, sich dieser Evolution anzuschliessen.

Doch wohin wird uns diese Evolution führen? Was ist unsere Bestimmung im Universum? Die Antwort auf diese Fragen übersteigt objektive Gegebenheiten und ist letztlich eine Aussage unserer persönlichen Philosophie, unseres Glaubens und unserer Weltanschauung.

Zwei extreme Positionen werden vom Materialismus und von der «ewigen Philosophie», dem innersten Kern der Erkenntnis, der allen grossen Religionen gemeinsam ist, vertreten. In der materialistischen Anschauung bedeuten Leben und Bewusstsein zufällige Nebenprodukte der Materie, und ihre Evolution wird durch das Zusammenspiel von zufälligen Ereignissen und dem Überlebenstrieb bewirkt. Der Sinn des menschlichen Lebens und der Evolution ist ausschliesslich der, den die Menschheit beschliesst, darin zu sehen.

Die ewige Philosophie, die der innerste Kern aller grossen Religionen ist und die ihre tiefsten Gedanken repräsentiert, vermittelt uns eine gänzlich andere Sicht von der Welt. Sie stellt das Bewusstsein in den Vordergrund und betrachtet die Bewusstseinsentwicklung als das primäre Ziel des Daseins. Diese Entwicklung soll in einem Zustand kulminieren, den die verschiedenen Traditionen als Erleuchtung, Befreiung, Erlösung, *Moksha* oder *Satori* bezeichnen.

Die Beschreibungen dieses Zustands weisen in allen Kulturen bemerkenswerte Ähnlichkeiten auf.[12] Das wesentliche dieses Zustands liegt in der Erkenntnis, dass die Verzerrungen unseres normalen Geisteszustandes auf eine falsche Identität zurückzuführen sind. Unser wahres Wesen sei etwas viel grösseres, ein Aspekt eines universellen Bewusstseins: das Selbst, das Sein, der Geist oder Gott. Das Erwachen zu diesem wahren Wesen, sagte ein Zen-Meister, sei «das direkte Bewusstsein, dass du mehr bist als dieser armselige Körper und dieser beschränkte Geist. Negativ ausgedrückt ist es die Entdeckung, dass das Universum nicht ausserhalb deiner selbst ist. Positiv bedeutet es, dich selbst als das Universum zu erfahren.»[13] Ähnliche Beschreibungen lassen sich in jeder Kultur finden. Typisch ist die Äusserung eines Engländers, dass unsere wahre Identität zu finden bedeutet, «zu erkennen, dass das Ich, unser reales, ganz persönliches Selbst, das Universum und alle anderen Wesen durchdringt; dass die Berge, das Meer und die Sterne Teil unseres Körpers sind und dass unsere Seele mit den Seelen aller Geschöpfe in Verbindung steht».[14] Solche Beschreibungen sind nicht ausschliesslich Mystikern vorbehalten. Wir finden sie auch bei Philosophen, Psychologen und Physikern.[15] So sagte der grosse amerikanische Philosoph William James: «Nach meiner Erfahrung ... steht ein letzter Schluss unumstösslich fest: Es gibt ein Kontinuum kosmischen Bewusstseins, gegen das unsere Individualität nur eine flüchtige Erscheinung ist und in das unsere Einzelpsyche eintaucht wie in ein mütterliches Urmeer.»[16]

Aus dieser Perspektive betrachtet, bedeutet die Evolution eine ungeheure Reise der Bewusstwerdung und der Rückkehr zu unserer wahren Identität.[17] Unsere heutigen Krisen erscheinen dann als Ausdruck falscher Wünsche, Ängste und Wahrnehmungen, die aus unserer falschen Identität entstanden sind. Wir können sie aber auch als selbst geschaffene Herausforderungen betrachten, die unsere evolutionäre Reise zur höchsten Selbsterkenntnis beschleunigen können.

Welche Weltanschauung ist nun die richtige? Sind wir lediglich vom Überlebenstrieb gesteuerte Tiere, oder sind wir auch erwachende Götter? Wie können wir dies entscheiden? Beide Weltanschauungen machen ähnliche und verschiedene Aussagen: Ihre Ähnlichkeit liegt darin, dass beide uns dazu auffordern, etwas zu erforschen und zu erkunden. Die Weltanschauung des Materialismus fordert uns auf, das physikalische Universum und damit auch uns selbst zu erforschen; die ewige Philosophie dagegen verlangt von uns, unseren eigenen Geist und unser Bewusstsein zu erforschen und damit auch das Universum. Ihr Credo lautet: «Erkenne dich selbst!»

Für unsere praktischen Belange scheint es mir jedoch wichtig zu sein, beides zu tun. Für unser Überleben und unsere Evolution ist es dringend erforderlich, dass wir sowohl das innere Universum als auch das äussere Universum besser verstehen lernen.

Unabhängig davon, welche Weltanschauung wir annehmen, ist es uns also auf jeden Fall möglich, die Probleme unserer Zeit als eine evolutionäre Herausforderung anzusehen, die uns aufruft, unser Schicksal in die Hand zu nehmen. Diese Aufgabe fordert von uns, unsere alten Grenzen aufzugeben und alle unsere Kräfte für unser Sein, unser Wachstum und unser Engagement zu mobilisieren. Sie fordert uns auf, unsere Rolle in der Entwicklung des von uns geschaffenen menschlichen Dramas voll und ganz zu übernehmen und uns als einzelne und kollektiv für eine bewusste Evolution zu entscheiden.

Heute scheinen sich die harten materiellen Notwendigkeiten und die evolutionären Möglichkeiten des Menschen aufeinander zuzubewegen und eine Situation zu schaffen, in der wir auf lange Sicht gezwungen sind, unsere höchsten Möglichkeiten zu verwirklichen. Wir sind in einen Wettlauf zwischen Selbsterkenntnis und Selbstzerstörung eingetreten. Die gleichen Kräfte, die uns in ihrer Zusammenballung zerstören können, können auch gesellschaftliche und individuelle Selbsterkenntnis fördern.[18]

18 «Was kann ich tun?»

Es gibt niemanden, der unseren Platz einnehmen könnte. Ein jeder von uns webt an einer Faser im Gewebe der Schöpfung. Niemand kann diese Faser für uns weben. Unser Beitrag ist einzigartig und unersetzlich. Was wir dem Leben vorenthalten, ist für das Leben verloren. Die ganze Welt hängt von unseren individuellen Entscheidungen ab.
Duane Elgin

Was kann ich tun? Schliesslich läuft alles auf diese Frage hinaus. Wenn wir aufgehört haben, andere für unsere Schwierigkeiten verantwortlich zu machen und auf einen Erlöser oder einen Märchenprinzen zu hoffen, und wenn wir unsere Gefühle von Unfähigkeit und Ohnmacht aufgegeben haben, stellt sich die Frage: «Was kann ich tun?»

Eine Frage ist jedoch noch wichtiger. Es geht nicht nur darum, was ich tun kann, sondern auch darum, was das strategisch Sinnvollste ist. Deshalb ist es unsere erste Aufgabe, nach Wegen zu suchen, die unseren Beiträgen zu einer möglichst optimalen Wirkung verhelfen, nach Wegen, durch die unsere individuellen Talente und Möglichkeiten am besten genutzt werden.

Der erste Schritt besteht deshalb zunächst einmal darin, die Situation unseres Lebens sehr sorgfältig und tiefgehend zu überdenken. Wir müssen unsere Wünsche überprüfen und uns die Frage beantworten: «Was würde ich wirklich gerne tun?» Es ist wichtig, die tyrannischen Vorstellungen von dem, was wir tun *sollten* und die einschränkenden

Überzeugungen von dem, was wir alles *nicht können*, beiseite zu lassen und zunächst herauszufinden, was wir tun *möchten*. Wir müssen einsehen, dass es völlig unproduktiv ist, Dinge aus einem Schuldgefühl oder einem «Du sollst!» heraus zu tun. Eine solche Motivation erzeugt Gefühle von Ärger, Spannung und Selbstgerechtigkeit, die sich leicht auf andere Menschen übertragen können. Dies kann keine Hilfe sein, da solche Gefühle Teil der Probleme sind, die wir lösen wollen.

Darum ist es für uns sehr wichtig, eine wenig verbreitete Einsicht über Arbeit und Dienen zu lernen: Es ist okay, Spass zu haben. Viel zu oft helfen wir anderen Menschen mit einer finsteren Entschlossenheit und in der unausgesprochenen Annahme, dass wir es mit unserer Arbeit nicht wirklich ernst meinen können, wenn wir nicht unter ihr leiden. Natürlich ist die Welt in einer schlimmen Verfassung, aber es dürfte kaum der geeignete Weg sein, sie zu verbessern, indem wir noch mehr Leid in uns selbst produzieren.

Unsere erste Aufgabe ist es also, nach strategisch sinnvollen Beiträgen zu suchen, die uns Spass machen. Phasen der Einsamkeit und Ruhe können genauso wichtig sein wie Gespräche mit anderen Menschen. Als Gandhi vor der Frage stand, wie man am besten auf die Salzsteuer der Briten und ihr Gesetz reagieren könnte, nach dem es den Indern untersagt war, das frei und in Überfluss an allen Stränden herumliegende Salz zu sammeln, zog er sich wochenlang in die Einsamkeit zurück. Nach vielen, vielen Tagen ruhigen Nachdenkens und Betens fand er schliesslich die strategisch klügste Antwort. Er machte sich auf den Weg und wanderte quer durch Indien bis zum Ozean, um dort Salz zu sammeln. Die Nachricht von seiner Pilgerschaft breitete sich aus, und überall wurde von seiner Reise berichtet. Nach vielen Tagen erreichte er schliesslich die Küste, bückte sich und nahm eine einzige Handvoll Salz. Dadurch, dass Millionen Menschen seinem Beispiel folgten, gerieten die Salzgesetze und damit das britische Empire ins Wanken.

Strategisch kluge Reaktionen lassen sich natürlich nur auf der Grundlage ausreichender Informationen entwickeln. Deshalb ist es von entscheidender Bedeutung, dass wir alles über die Probleme und ihre Ursachen in Erfahrung bringen. Es ist schon schlimm, dass jemand, nur indem er dieses Buch liest, besser über diese Angelegenheiten informiert ist als viele Leute in der Regierung.

Durch diese Informationssuche und Reflexion wird man sich allmählich darüber klarwerden, welche Reaktionen einem gefühlsmässig am ehesten liegen. Alle Aktionen, die üblicherweise bei diesen Problemen unternommen werden, wie z. B. Gruppen organisieren, eine Lobby aufbauen, an Leute in Machtpositionen schreiben, andere informieren, Geld spenden und sammeln, schreiben oder Reden halten und vieles andere mehr können dabei in Frage kommen.

Aber wir stehen auch vor der Notwendigkeit, neue Ansätze zu schaffen, die mit unseren jeweiligen Talenten und Möglichkeiten übereinstimmen, Ansätze, die neue Leute ansprechen und auf eine völlig neue Art wirksam werden. Was würde Gandhi tun, wenn er in dieser Zeit in genau deiner Situation lebte? Wie würde er vorgehen, um seinen strategisch klügsten Beitrag herauszufinden, und wie würde dieser aussehen? Dies ist eine Herausforderung für unsere Kreativität und ein Spiel, das zu spielen sich lohnt.

PSYCHOLOGISCHES VERSTÄNDNIS

Die Frage nach dem strategisch klügsten Beitrag hat noch einen anderen sehr wichtigen Aspekt, und das ist die psychologische Seite des Problems. Wir haben darüber gesprochen, was wir tun können, aber genauso wichtig ist es, wie wir es tun. Wenn wir uns daran erinnern, von welch entscheidender Bedeutung die psychologischen Ursachen unserer Schwierigkeiten sind, wird deutlich, dass wir sie bei allem, was wir tun, berücksichtigen sollten. Dann lautet die Frage: «Wie kann ich das, was ich tue, so angehen, dass die psychologischen Ursachen der weltweiten Probleme abgebaut werden und Bewusstsein und psychologische Entwicklung der Menschen, einschliesslich meiner selbst, gefördert werden?[4] Mit anderen Worten: Wie kann ich die psychologischen Prinzipien, die in diesem Buch besprochen wurden, praktizieren und anwenden?»

Der erste Schritt ist eine Veränderung unserer Einstellung, eine Veränderung der Art und Weise, in der wir mit unserer Arbeit, unserer Welt und mit uns selbst umgehen. Das bedeutet, dass alles, was wir tun, von dem Wunsch zu lernen und zu wachsen geprägt ist. Jede Erfahrung kann eine Möglichkeit sein, etwas über die Welt, über andere Menschen und über uns selbst zu lernen. Wir erforschen die Welt ausserhalb von uns und die Welt in uns; wir lernen aus unserer subjektiven Erfahrung, aus unseren Hoffnungen, Ängsten, Gedanken und Gefühlen genausoviel wie durch äussere Ereignisse. Allen Dingen, die wir erfahren oder tun, begegnen wir mit grösstmöglicher Aufmerksamkeit und Bewusstheit.

Wenn wir diese Einstellung entwickeln, werden andere Menschen und alle unsere Erfahrungen zu einer Art Feedback. Wenn das, was wir tun, gut läuft, versuchen wir herauszufinden warum. Wenn wir einen Fehler machen (was wir sicherlich des öfteren tun werden, weil es zum Menschsein gehört), dann suchen wir auch dafür nach Gründen. Wenn wir bei dieser Sichtweise bleiben, dann besteht kein Grund zu Reue und Schuldzuweisungen, denn diese sind ein dürftiger Ersatz für die Bereitschaft zu lernen. Unsere Fehler können sich als ebenso wertvoll, wenn nicht wertvoller, als unsere Triumphe herausstellen.

Während wir langsam lernen, für alles was wir tun, immer mehr Sensibilität und Bewusstheit aufzubringen, werden wir uns auch der falschen Überzeugungen, Wahrnehmungen und Handlungen bewusst, die uns und unsere Fähigkeit, aktiv zu werden, einschränken. Wenn wir sie erkennen, können wir aus ihnen lernen und sie aufgeben. Wenn wir auf uns einschränkende Überzeugungen wie: «Ich kann das nicht» oder «Ich könnte niemals ...» stossen, dann erkennen wir sie als das, was sie sind, nämlich als blosse Überzeugungen, die obendrein noch herabsetzend sind, und fangen einfach an, das zu tun, von dem wir glauben, es läge jenseits unserer Möglichkeiten. Wenn wir uns dabei ertappen, wie wir uns selbst und andere verdammen und angreifen, dann lernen wir auch daraus, suchen nach den Ursachen unseres Ärgers und können erkennen, welche Nachteile er uns einbringt. Wenn unsere Verurteilung soweit geht, dass wir andere als unsere «Feinde» ansehen, werden wir versuchen, unser dualistisches Denken zu erkennen und nach Erfahrungsbereichen und Zielen zu suchen, die wir mit unseren «Feinden» gemeinsam haben. Auch ist es sinnvoll, ihre Ängste und Abwehrhaltungen zu erkennen und zu versuchen, ihnen zu vergeben, anstatt sie anzugreifen.

Wenn wir selber ängstlich und abwehrend werden, was sicherlich einmal passieren wird, können wir diese Gelegenheit nutzen, um zu erfahren, wie diese Gefühle unsere Psyche beeinflussen. Dabei können wir auch die Abhängigkeiten und Unsicherheiten verstehen lernen, aus denen sie entspringen. Aus diesem Verständnis kann Einfühlung und Mitgefühl für Menschen entstehen, die von Angst und Abwehr beherrscht werden und sich deshalb aggressiv und zerstörerisch verhalten.

Wenn wir in Versuchung geraten, unaufrichtig und unmoralisch zu handeln, können wir uns die negativen Folgen wie Schuldgefühle und Paranoia bei uns selbst und das Leid, das wir anderen damit zufügen, bewusst machen. Doch es ist wichtig, dass wir dieses Bewusstsein nicht entwickeln, um uns zu verurteilen und zu bestrafen, sondern um zu lernen und zu wachsen.

Während wir uns um dieses Bewusstsein bemühen und unsere Arbeit tun, werden wir bald bemerken, dass wir davon abhängig sind, dass bestimmte Dinge passieren. Vielleicht wünschen wir uns Lob und Anerkennung, oder wir arbeiten lieber im Verborgenen; vielleicht fordern wir, dass man unsere Ideen akzeptiert oder wollen immer führen oder geführt werden.

Wahrscheinlich wird fast jeder von uns entdecken, dass er in gewisser Weise davon abhängig ist, dass seine Bemühungen auch die gewünschten Ergebnisse haben. Das ist natürlich ein verständlicher Wunsch, aber wenn wir uns davon abhängig machen, werden wir ganz sicher in Schwierigkeiten geraten. Denn wenn wir sagen: «Ich muss mein Ziel erreichen», dann sorgen wir selbst dafür, dass wir Frustration und Enttäuschung erfahren und auf Leute, die uns im Weg stehen, wütend werden. Erinnern wir uns daran, dass viele Leute durch ihre Abhängigkeit von ihren jeweiligen Lösungsvorstellungen (wie z. B. Kommunismus, Kapitalismus, mehr Rohstoffverbrauch oder Atomwaffen) unsere globale Krise mit verursachen. Deshalb ist es so wichtig, sich immer vor Augen zu halten, dass auch unsere besten Absichten missverstanden werden können.

Darum ist es auch von so entscheidender Bedeutung, dass wir unsere Abhängigkeiten abbauen, sogar die Abhängigkeit von erfolgreichen Ergebnissen unserer Arbeit. In dem Masse, in dem wir diese Abhängigkeiten reduzieren, bauen wir auch unsere egozentrische Sichtweise ab, unsere Versagensängste und unser Ressentiment gegen Menschen, die uns behindern. Das führt zu mehr Gleichmut, Klarheit und Effektivität, da unsere Wahrnehmung weniger von egozentrischen Wünschen und Ängsten verzerrt ist. Und schliesslich fühlen wir uns auch glücklicher.

Wenn wir diese Stufe erreicht haben, wird unser Leiden zu einem Feedback für uns. Es zeigt uns, dass wir immer noch davon abhängig sind, dass die Dinge so sind, wie wir sie haben wollen. Psychischer Schmerz ist ebenso wie körperlicher Schmerz ein Zeichen, dass irgend etwas nicht in Ordnung ist. Wenn wir nur darauf reagieren, indem wir versuchen, die Welt zu verändern, erhalten wir dadurch unsere Abhängigkeit aufrecht und werden bei der nächsten Frustration wieder leiden. Doch wenn wir daran arbeiten, die Welt zu verändern *und* unsere Abhängigkeiten abzubauen, dann heilen wir die Psyche und die Welt, das Selbst und die anderen gleichermassen.

Je mehr Bewusstheit wir erlangen, desto mehr kann alles zu einem Bestandteil unseres Lernprozesses werden. Alles, was wir tun und erleben, wird zu einer Möglichkeit, unser Verständnis zu vertiefen. Wir lernen, unsere Abhängigkeiten und Aversionen abzubauen, Einfühlungsvermögen und Mitleid zu entwickeln, Toleranz und Vergebung zu üben und in unserem Lernen und Arbeiten effektiver zu werden. Unser Leben wird zu einem Labor des Lernens, in welchem wir Experimentator und Versuchsperson, Lehrer und Schüler, Dienender und Empfangender zugleich sind.

LEBENSSTIL

Mit zunehmendem Bewusstsein und Verständnis werden uns möglicherweise Aspekte unseres Lebensstils bewusst, die nicht in Übereinstimmung sind mit dem, was wir eigentlich wollen und was ökologisch vernünftig wäre. Diese Widersprüche, die bisher unter dem Schleier mangelnder Sensibilität und Bewusstheit verborgen lagen, werden immer dringlicher und belasten unser Gewissen. Je mehr wir sie und uns selbst erforschen, desto deutlicher erkennen wir, dass viele dieser Diskrepanzen auf Abhängigkeiten, Ängsten und anderen psychologischen Fehlentwicklungen beruhen, die denen, die unsere globalen Probleme verursachen, sehr ähnlich sind.

Diese Unstimmigkeiten in unserem Lebensstil können viele Gesichter haben. Vielleicht ist unser Konsumverhalten rücksichtslos in Hinblick auf die ökologischen Konsequenzen. Wir heizen z. B. einfach mehr, anstatt unsere Wohnung zu isolieren, wir fahren Auto, obwohl geeignete öffentliche Verkehrsmittel zur Verfügung stehen, und kaufen Wegwerfprodukte anstelle von wiederverwendbaren Waren. Vielleicht schaffen wir in uns selbst und in unserer Familie eine ängstliche und angespannte Atmosphäre, weil wir uns überarbeiten, um Dinge kaufen zu können, die wir gar nicht wirklich brauchen. Vielleicht arbeiten wir für einen Industriezweig oder investieren dort unser Geld, der die Umwelt schädigt, gefährliche Produkte herstellt oder die unterentwickelten Länder ausbeutet. Wir kaufen vielleicht Produkte von

Firmen, die mit ihrer Werbung besonders gewalttätige Fernsehprogramme unterstützen, oder bringen unsere Zustimmung nicht genügend zum Ausdruck, wenn Fernsehstationen Informationen über die globalen Probleme bringen. Vielleicht könnten wir mehr von unserer Zeit und unserem Geld auf Dinge verwenden, die uns inspirieren. Duane Elgin sagt dazu:

> Gelegenheiten für sinnvolle und wichtige Veränderungen finden wir überall: bei den Nahrungsmitteln, die wir essen, bei unserer Arbeit, bei dem Transportmittel, das wir benutzen, bei der Art und Weise, in der wir mit anderen umgehen, bei der Kleidung, die wir tragen, bei den Bildungsinhalten, die wir lernen, bei den gemeinnützigen Einrichtungen, die wir unterstützen, bei dem Grad der Aufmerksamkeit, den wir jedem Moment in unserem Leben schenken usw. Die Liste ist endlos, da der Stoff der gesellschaftlichen Wandlung identisch ist mit dem Stoff, aus dem unser tägliches Leben besteht.[1]

RÜCKZUG UND WIEDERKEHR

Mit der Zeit werden die Nachteile unserer psychologischen Schwächen und die heilsamen Wirkungen, die von einer Entwicklung der Lernbereitschaft, der Bewusstheit und des Wachstums ausgehen, immer deutlicher. Je mehr uns dies bewusst wird, desto stärker wird wahrscheinlich unser Bedürfnis sein, uns Zeit zu nehmen, um uns ganz unserem eigenen Lernen, unserer eigenen Heilung und Reifung zu widmen. Sich diese Zeit zu nehmen, ist nicht selbstsüchtig; es ist vielmehr von entscheidender Bedeutung für unser eigenes Wohlbefinden und unsere Fähigkeit, für andere etwas zu tun.

Diese Tatsache wird leider selten anerkannt, obwohl viele weise Menschen immer wieder darauf hingewiesen haben. «Das Zentrum der Kraft in uns zu finden, ist auf lange Sicht der beste Dienst, den wir unseren Mitmenschen erweisen können», sagte der Existentialist Rollo May[2], und wiederholte damit im Grunde die Worte des Buddha, der sagte: «Willst du die Gebeugten aufrichten, musst du erst etwas noch schwereres tun – dich selbst aufrichten.»[3]

Es ist ein schwerwiegender Fehler, jemandem, der nach Selbsterkenntnis sucht, den Vorwurf zu machen, «er wende sich von der Gesellschaft ab».

Das Gegenteil kommt der Wahrheit näher: Ein Mensch, der nicht nach Selbsterkenntnis sucht, ist und bleibt eine Gefahr für die Gesellschaft, da er immer dazu neigen wird, alles, was andere Menschen sagen oder tun, misszuverstehen und sich über die Bedeutung vieles dessen, was er selbst tut, in beruhigender Unwissenheit zu wiegen.[4]

Die Wichtigkeit dieser Phase von Selbsterkenntnis und Arbeit an sich selbst lässt sich auch daran erkennen, dass man sie im Leben fast aller grossen Menschen findet. Auch in den Heldenmythen aller Kulturen ist sie ein fester Bestandteil. Der grosse Historiker Arnold Toynbee nannte sie «das Gesetz von Rückzug und Wiederkehr».[5] In einem Überblick über das Leben grosser Helden, sowohl realer als auch mythischer, wird sie folgendermassen beschrieben:

> Die erste Aufgabe des Helden ist die, sich aus dem Weltgeschehen der sekundären Wirkungen zurückzuziehen und in die verursachenden Zonen der Psyche einzutauchen, in denen die Schwierigkeiten ihren wahren Ursprung haben, um dort die Schwierigkeiten zu klären und sie bei sich selbst auszumerzen.[6]

Wir sind vielleicht nicht alle grosse Helden, aber wir können sicherlich von ihnen lernen. Wodurch können wir unseren «Rückzug in die verursachenden Zonen der Psyche» und unsere Klärung der Schwierigkeiten am besten fördern? Welche Umgebung und welche Menschen geben uns die geeignete Unterstützung, um möglichst tief zu den Quellen unserer Psyche hinabzutauchen und die Stärke und die heilenden Kräfte, die dort liegen, erschliessen zu können?

Dies ist eine persönliche Frage, die sich jeder selbst stellen und beantworten muss. Für einige lautet die Antwort vielleicht, dass sie eine Zeit der Ruhe und Einsamkeit brauchen, für andere, dass es ihnen guttun würde, mehr Zeit mit der Familie oder mit Freunden zu verbringen. Einige finden die grössten Erkenntnisse und Inspirationen in der Natur, für andere ist es besonders hilfreich, Zeiten in ruhigem Nachdenken, Kontemplation, Gebet oder Meditation zu verbringen. Manchmal können uns Gruppen oder Workshops mit Menschen, die an ähnlichen Problemen arbeiten, guttun. Aber was auch immer es sein mag, das uns für unser Lernen und Wohlbefinden hilfreich erscheint, es ist wichtig, dass wir uns die Zeit nehmen, es zu tun.

Wenn wir es getan haben und das Gefühl haben, bereit zu sein, können wir uns wieder der Welt zuwenden und die Gaben des Verständnisses, der Ruhe und frischer Energie mitbringen, die wir in der Zeit des Rückzugs gewonnen haben. Unsere Arbeit in der Welt ist strategisch sinnvoll, und wir beseitigen Missverständnisse und Leiden, so gut wir können. Wenn die unvermeidlichen Frustrationen, Abwehrmechanismen und Ressentiments wieder stärker werden, arbeiten wir daran, sie im Moment ihres Entstehens zu verstehen und abzubauen, aber wir berücksichtigen auch das periodisch wiederkehrende Bedürfnis nach Rückzug.

Je länger wir diesen Kreislauf von Rückzug und Wiederkehr praktizieren, desto hinfälliger wird die Unterscheidung zwischen dem, was uns nützt, und dem, was anderen nützt. Jede Arbeit wird zu einer Gelegenheit des Lernens; jedes Lernen wird zu einer Gelegenheit für besseres Arbeiten. In dem Masse, in dem die Grenze zwischen dem, was uns nützt, und dem, was anderen nützt, verfliesst, in dem Masse schwinden auch egozentrische Wünsche, Ängste und Konkurrenzgefühle. Die Grenze zwischen uns und den anderen wird durchlässiger. Stück für Stück lüften wir den Schleier des Getrennt- und des Andersseins und erkennen unsere gemeinsame Menschlichkeit. Wenn wir dies erfahren, begreifen wir die Bedeutung eines alten indischen Sprichworts:

> Wenn ich nicht weiss, wer ich bin, diene ich dir.
> Wenn ich weiss, wer ich bin, bin ich du.

Wenn wir dies erreicht haben, dann haben wir die psychologischen Ursachen für unsere globale Krise in uns selbst abgebaut. Denn wenn es keine «anderen» gibt, dann gibt es auch keinen Grund für Angst, Paranoia und Abwehr, und Handlungen des Mitgefühls entstehen ganz spontan.[7] Der Kreislauf von Rückzug und Wiederkehr, von Arbeit an uns selbst und Arbeit an der Welt hat Früchte getragen, und die Frage: «Was kann ich tun?» ist beantwortet.

Dies ist eine Form des Dienens und der Arbeit für den Nächsten. Es ist eine Form, die zu allen Zeiten von den grossen geistigen Schulen und Religionen empfohlen worden ist und die sich sowohl psychologisch als auch religiös begründen lässt. «Suche nach einem Spiel, das zu spielen sich lohnt», raten einige Psychologen. «Hast du das Spiel gefunden, spiele es mit aller Intensität – spiele, als ob dein Leben und deine Gesundheit davon abhingen. (Sie hängen davon ab.)»[8]

Bewusstes Engagement und Lernen sind ein Spiel, das zu spielen sich lohnt, und vielleicht hängt das Schicksal der Erde von der Zahl der Menschen ab, die sich für dieses Spiel entscheiden.

Wir stehen vor einer Aufgabe, die noch keine Generation in der menschlichen Geschichte zu lösen hatte: Wir müssen unseren Planeten und unsere Gattung erhalten. Wenn wir diese Herausforderung annehmen wollen, müssen wir die ungeheure Kraft unseres Geistes erkennen, entwickeln und einsetzen und uns für unsere Evolution entscheiden.

Niemals zuvor in der Geschichte der Menschheit ist diese Notwendigkeit grösser gewesen. Niemals zuvor in der Geschichte der Menschheit waren so viele Menschen sinnlosem Leiden und Tod ausgesetzt. Niemals zuvor haben so viele gehungert, waren so viele unterdrückt. Und noch niemals zuvor waren so viele Menschenleben (etwa 5 Milliarden) bedroht wie heute.

Aber auch die Möglichkeiten waren nie zuvor grösser. Noch nie hat es so wirksame Hilfsmittel und Technologien gegeben, die das Leiden in der Welt lindern könnten. Noch nie hat es so gute Voraussetzungen für die Entwicklung einer globalen Psychologie gegeben, mit deren Hilfe wir die Motive und Verhaltensweisen verstehen könnten, die uns gefährden, aber auch die, die uns noch retten könnten. Das Ausmass unserer Schwierigkeiten wird wohl nur durch das Ausmass unserer Möglichkeiten ausgeglichen.

Deshalb gibt es wohl für jeden einzelnen von uns keine dringlichere und lohnendere Aufgabe, als unseren Teil bei der Entwicklung und Umsetzung einer Psychologie des menschlichen Überlebens zu erkennen und zu erfüllen, einer Psychologie, die Menschen aller Nationen, die bereit sind ihre Fähigkeiten für diese dringlichsten Probleme unserer Zeit einzusetzen, verbindet; Menschen, die die psychologischen Kräfte, die uns an diesen Wendepunkt der Geschichte gebracht haben, aufdecken wollen und daran arbeiten, sie in Kräfte des Überlebens, der Evolution und des kollektiven Wohlergehens zu transformieren. Vor uns liegt eine aufregende und verzweifelt benötigte Arbeit, und wir sind in der privilegierten Lage, sie tun zu können.

Anmerkungen

Kapitel 1

1 Ferguson, M. *Die Sanfte Verschwörung*, Basel 1983, München 1984.
  Reich, C. *The Greening of America*, New York 1971.
2 Ericksen, E. «A Developmental Crisis of Mankind», eine Rede, gehalten an einem Treffen der Ärzte für soziale Verantwortung, Stanford Universität, Oktober 1983.
3 Capra, F. *Wendezeit*. Bern München Wien 1982.
4 Davidson, W. «Psychiatry and Foreign Affairs», *Psychiatric Annals* 13 (1983): 124.

Kapitel 2

1 B. Wedge, «Peacemaking» Psychiatric Annals 13 (1983): 136.
2 Maslow, A. H. *Toward a Psychology of Being*, 2. Aufl. Princeton 1968.
3 Council on Environmental Quality, *The Global 2000 Report to the President*, Washington 1979. Andere Analysen enthalten das *World Integral Model,* das Modell der Vereinten Nationen und das Lateinamerikanische Welt-Modell. Sie stimmen alle im allgemeinen überein, ausser dem *Global 2000 Revised* (H. Kahn+ Simon, 1984), welches ein optimistischeres Bild zeichnet, das aber fragwürdig ist.

4 Council on Environmental Quality, 7.
5 Council on Environmental Quality and Population Reference Bureau, *Annual Report* Washington 1983.
6 National Academy of Sciences, *Resources and Man*, San Francisco, 1969, 5.
7 Dammann, E. *The Future in Our Hands*, New York 1979, 104.
8 Ayres, R. *Banking on the Poor: The World Bank and World Poverty*, Cambridge, Mass. 1983; Loup, J. *Can the Third World Survive?*, Baltimore 1983.
9 Brandt, W *North South: A Program for Survival*, Cambridge, Mass. 1980.
10 Sivard, R. *World Military and Social Expenditures*, Leesburg, Va. 1979.
11 Mische, P. *State of the World:* A Global Agenda, Los Angeles, 1981.
12 Dammann, E. *The Future in Our Hands*. 1979, 91.
13 Presidential Commission on World Hunger, *Preliminary Report of the Presidential Commission on World Hunger*, Washington D. C. 1979.
14 Paine, C. «The Aftermath of Nuclear War», *Science* 220 1983: 812.
15 World Bank, *World Development Report*, Washington, D. C. 1979.
16 Ponnamperuma, «First World» *Omni* 5:9 (1983):6.
17 Henderson, H. *The Politics of Solar Age*, Garden City, N. Y. 1981.
18 Ayres, *Banking on the Poor*; Loup, *Can the Third World Survive?*
19 World Bank, *World Development Report*.
20 Council on Environmental Quality, *The Global 2000 Report*, 32.
21 Ibid.
22 Woodwell, G. et al., «Global Deforestation: Contribution to Atmospheric Carbon Dioxide» *Science* 222 (1983): 1081–1086.
23 Brown, L. *Building a Sustainable Society*, New York 1981; Brown, L. *State of the World*, New York 1984.
24 Boyle, R. H. und Boyle, R. A. *Acid Rain*, New York 1983.
25 Kerr, R. «The Carbon Cycle and Climate Warming», *Science* 222 (1983): 1107–1108; Woodwell et al. «Global Deforestation».
26 Council on Environmental Quality, *The Global 2000 Report;* National Academy of Sciences *Report of the Carbon Dioxid Assessment Committee*, Washington 1983; Seidel, S. und Keyes, D. *Can We Delay a Greenhouse Warming?* Washington 1983.
27 McNamara, R. Address to the Board of Governors of the World Bank, Belgrad, 2. Oktober 1979.
28 Dammann, *The Future in Our Hands*, 46.

Kapitel 3

1 Sivard, R. *World Military and Social Expenditures*, Leesburg, VA. 1983.
2 Schell, J. *The Fate of the Earth*, New York 1982.
3 Bracken, P. *The Command and Control of Nuclear Forces*, New Haven 1983.
4 Bereanu, B. «Self Activation of the World Nuclear Weapons System», Journal of Peace Research 20 (1983): 49–57.
5 Barash, D. und Lipton, J. *Stop Nuclear War: A Handbook*, New York 1982.
6 Steinbruner, J. «Launch Under Attack» *Scientific American* 250 (1984) 37–47.
7 Onosko, T. «Showdown on the High Frontier», *Omni* 6:2 (1983):80.
8 Barash und Lipton, *Stop Nuclear War*.
9 Carter, L. «WIPP Goes Ahead, Amid Controversy» Science 222 (1983): 1102–1104.

10 Caldicott, H. *Nuclear Madness: What You Can Do*, Brookline Mass. 1978.

11 Carter, L. «WIPP Goes Ahead».

12 Sivard, *World Military*.

13 Paine, C. «The Aftermath of Nuclear War», *Science* 220 (1983): 812.

14 Presidential Commission on World Hunger, *Preliminary Reports of the Presidential Commission on World Hunger*, Washington D. C. 1979.

15 Barash und Lipton, *Stop Nuclear War*, 322.

16 Fuller, B. *Critical Path*, New York 1981.

17 Lewis, K. «The Prompt and Delayed Effects of Nuclear War» *Scientific American* 241, 1978: 35–47; Schell J. *The Fate of the Earth*; Schell, J. «The Abolition: Defining the Great Predicament», *The New Yorker*, Januar 1984: 36–75.

18 Paine, «The Aftermath».

19 Van Atta, L. «Arms Control: Human Control», *American Psychologist* 18 (1963): 39.

20 Schell, *The Fate of the Earth*.

21 Adams, R. und Cullen, S. (Hg.) *The Final Epidemic: Physicians and Scientists on Nuclear War*, Chicago 1981; Chivian, E. et al. (Hg.) *Last Aid: The Medical Dimension of Nuclear War*, San Francisco 1982; Paine, «The Aftermath of Nuclear War»; Peterson, J. und Hinrichsen, D. (Hg.) *Nuclear War: The Aftermath*, New York 1982.

22 Ehrlich, P., Harte, J., Harwell, M., «Long-Term Biological Consequences of Nuclear War», *Science* 222 (1983): 1293–1300; Turco, R. et al., «Nuclear Winter: Global Consequences of Multiple Nuclear Explosions», *Science* 222 (1983): 1283–1292.

23 National Academy of Sciences, *Long-Term Worldwide Effects of Multiple Nuclear-Weapons Detonations*, Washington, D. C. 1975.

24 Leaning, J. und Keyes, L. (Hg.) *The Counterfeit Ark*, Cambridge, Mass. 1983.

25 Ehrlich et al. «Long-Term Biological Consequences», 1298.

26 Schell, *The Fate of the Earth*, 6.

27 Pressler, L. «First Word», Omni 6:2 (1983):6.

28 Onosko, «Showdown», 80.

29 Garwin, R. et al., «Antisatellite Weapons» *Scientific American* 250 (1984): 45–55; Union of Concerned Scientists, «Reagan's Star Wars» *New York Review of Books*, 26. April 1984.

30 *Global 2000* Washington D. C. 1979, 3, 42.

Kapitel 5

1 Bandura, A. «Self Efficacy: Toward a Unifying Theory of Behavioral Change», *Psychological Review*, 84 (1977): 191–215; Merton, R. *Social Theory and Social Structure*, Glencoe, Ill. 1957.

2 Langer, E. *The Psychology of Control*, Beverly Hills, Calif. 1983; Walsh, R. «*Beyond Belief*», *Journal of Humanistic Psychology*, 1984.

3 Schumacher, E. F. *A Guide for the Perplexed*, New York 1977, 44.

4 Scheer, R. *With Enough Shovels: Reagan, Bush, and Nuclear War*, New York 1983.

5 *Time*, 2. Jan. 1984.

6 Ibid.

7 Lifton, R. und Falk, R., *Indefensible Weapons: The Political and Psychological Case Against Nuclearism*, New York 1982.

8 Brown, L. *Building a Sustainable Society*, New York 1981.

Kapitel 6

1 Bandura, A. *The Principles of Behavior Modification*, New York 1969.

2 Maslow, A. H. *The Farther Reaches of Human Nature*, New York 1971.

3 Galbraith, J. *The Anatomy of Power*, Boston 1983.

4 Sivard, R. *World Military and Social Expenditures*, Leesburg, VA. 1981.

5 Caldicott, H. *Nuclear Madness: What You Can Do*, Brooklyn, Mass. 1978.

6 Elgin, D. *Voluntary Simplicity*, New York 1981.

7 Dammann, E. *The Future in Our Hands*, New York 1979, 136.

8 Singer, D. *«A Time to Reexamine the Role of Television in Our Lives»*, *American Psychologist* 38 (1983): 815–816.

9 Elgin, D. *The «Communications Rights» Movement: A New Response to National and Global Challenges*, Menlo Park, Calif. 1983, 15.

10 Pearl, D. Bothiler, L. und Lazar, J. (Hg.) *Television and Behavior: Ten Years of Scientific Progress and Implications for the Eighties* Vol. 1 + 2 (Washington D. C. 1982; Rubinstein, E. «Television and Behavior: Research Conclusions of the 1982 NIMH Report and Their Policy Implications», *American Psychologist* 38 (1983): 820–825.

11 Elgin, *The «Communications Rights» Movement*; Galbraith *The Anatomy of Power*; Rubinstein «Television and Behavior»; Singer, A Time to Reexamine; Singer, J. und Singer, D. «Psychologists Look at Television: Cognitive, Development, Personality, and Social Policy Implications» *American Psychologist* 38 (1983) 826–834.

12 Elgin, *The «Communications Rights» Movements*.

Kapitel 7

1 Deikmann, A. *The Observing Self: Mysticism and Psychiatry*, Boston 1982; Walsh, R. «The Consciousness Disciplines and the Behavioral Sciences: Questions of Comparison and Assessment», *American Journal of Psychiatry* 137 (1980): 663–673; Walsh, R. *The Universe Within Us: New Understanding of Mind* (in Vorbereitung); Wilber, K. *The Spectrum of Consciousness*, Wheaton, Ill. 1977; Wilber, K. *No Boundary*, Los Angeles 1979; Wilber, K. *A Sociable God: A Brief Introduction to a Transcendental Sociology*, New York 1983; Wilber, K. *Eye to Eye: The Quest for the New Paradigm*, Garden City, N. Y. 1983.

2 Conze, E. *Buddhist Meditation*, New York 1975; Goleman, D. *The Varieties of the Meditative Experience*, New York 1977; Longchenpa, *Kindly Bent to Ease Us, Part I: Mind*, Emeryville, Calif. 1975.

3 Freedman, A. «Opiate Dependence», in Comprehensive Textbook of Psychiatry Hg. Kaplan, H. Freedman, A. und Sadock, B. 3. Aufl. Vol. 2. Baltimore 1980; Goldstein, J. *The Experience of Insight*, Boulder, Colorado 1983.

4 Walsh, *The Universe Within Us*.

5 Harman, W. «Old Wine in New Wineskins», in *Challenges of Humanistic Psychology*, Hg. von Bugental, J., New York 1962, 323.

160

6 Perls, F. *Gestalt Therapy Verbatim*, Lafayette, Calif. 1969, 124.
7 Langer, E. «Playing the Middle Against Both Ends: The Usefullness of Adult Cognitive Activity as a Model for Cognitive Activity in Childhood and Old Age», in *The Development of Reflection*, Hg. von Yussen, S., New York 1982; Langer, Blank, A. und Benzion, C. «The Mindfullness of Ostensibly Thoughful Action: The Role of ‹Placebic› Information on Interpersonal Interaction», *Journal of Personality and Social Research* 36 (1978): 635–642; Langer, E. *The Psychology of Control,* Beverly Hills, Calif. 1983.
8 Becker, E. *The Denial of Death*, New York 1973, 24–30.
9 Brown, D. «A Model for the Levels of Concentrative Meditation», *International Journal of Clinical and Experimental Hypnosis* 25 (1977): 236–273; Brown, D. und Engler, J. «The Stages of Mindfulness Meditation: A Validation Study», *Journal of Transpersonal Psychology* 12 (1980): 143–192; Shapiro, D. H. *Meditation: Self Regulation Strategy and Altered State of Consciousness*, New York 1980; Shapiro und Walsh, Hg. *Meditation: Ancient and Contemporary Perspectives*, New York, in Vorbereitung; Tart, C. *States of Consciousness* New York 1975; Tart, C. Hg. *Transpersonal Psychologies*, New York 1976.
10 American Psychological Association, *The Monitor* 14 (1983): 8.
11 Wilber, *No Boundary.*
12 Sengstan, *Verses on the Faith Mind*, Sharon Springs, N. Y. 1976.
13 Bohm, D. *Quantum Theory* Englewood Cliffs, N. J. 1951. 167.
14 Macy, J. *Despair and Personal Power in the Nuclear Age*, Philadelphia 1983, 25.
15 Ibid., 35.

Kapitel 8

1 Walsh, R. und Vaughan, F. «Towards an Integrative Psychology of Well Being» in *Beyond Health and Normality: Explorations of Exceptional Psychological Wellbeing,* Hg. von Walsh, R. und Shapiro, D. H., New York 1983, 388–431.
2 Macy, J. *Despair and Personal Power in the Nuclear Age*, Philadelphia 1983.
3 Frank, J. *Sanity and Survival in the Nuclear Age: Psychological Aspects of War and Peace*, 2. Aufl. New York 1982.
4 Laughlin, H. *The Ego and Its Defenses*, New York 1970.
5 Frank, J. *Sanity and Survival.*
6 Jervis, R. *Perception and Misperception in Foreign Affairs*, Princeton 1976.
7 Ibid.
8 Frank, J. *Sanity and Survival.*
9 Barash, D. und Lipton, J. *Stop Nuclear War: A Handbook*, New York 1982, 227.
10 Confucius, *Confucian Analects, The Great Learning, and the Doctrine of the Mean*, Hg. von Legge, J., New York, 1971, 264.
11 Lifton, R. «In a Dark Time», in *The Final Epidemic: Physicians and Scientists on Nuclear War*, Hg. von Adams, R. und Cullen, S. Chicago 1981, 7–20.

Kapitel 9

1 Hersch, S. *The Price of Power*, New York 1983.
2 Maslow, A. H. *Toward a Psychology of Being*, 2. Aufl. Princeton 1968, 16.

3 Fromm, E. und Suzuki, D. T. und DeMartino, R. *Zen Buddhism and Psycho-analysis*, New York 1970, 98.

4 Harman, W. «Old Wine in New Wineskins» in *Challenges of Humanistic Psychology*, Hg. Bugental, J. New York 1962.

5 Becker, E. *The Denial of Death*, New York 1973; Rank, O. *Beyond Psychology*, New York 1958.

6 Wilber, K. *The Atman Project*, Wheaton 1980; Wilber, K. *Up from Eden*, New York 1981.

7 Loevinger, J. und Knoll, E. «Personality: Stages, Traits and the Self». *Annual Review of Psychology* 34 (1983): 195–222.

Kapitel 10

1 Macy, J. *Despair and Personal Power in the Nuclear Age*, Philadelphia 1983.

2 Fromm, E. «Erich Fromm's Last Interview», *Psychiatric News* 15 (1980): 20.

Kapitel 11

1 Assagioli, R. *Psychosynthesis: A Manual of Principles and Techniques,* New York 1965; Ellis, A. «Rational-emotive Therapy», in *Current Psychotherapies* (Hg. Corsini, R.) Itasca 1979, 185–229; Kelly, G. *The Psychology of Personal Constructs* 2 Bde. New York 1955; Meichenbaum, D. *Cognitive-Behavior Modification: An Integrative Approach,* New York 1977; Wilber, K. *The Spectrum of Consciousness,* Wheaton 1977.

2 Markley, O. «Human Consciousness in Transformation» in *Evolution an Consciousness: Human Systems in Transition*, Hg. von Jantsch, E. und Waddington, C. Reading 1976, 214.

3 Jantsch, E. und Waddington, C. *Evolution and Consciousness*; Markley, O. und Harman, W. (Hg.) *Changing Images of Man*, New York 1982.

4 Markley, O. «Human Consciousness in Transformation».

5 Bateson, G. *Mind and Nature: A Necessary Unity*, New York 1979, 205.

6 Byrom, T. *The Dhammapada: The Sayings of the Buddha*, New York 1976, 3.

7 Globus, A. and Globus, G. «The Man of Knowledge» in *Beyond Health and Normality: Explorations of Exceptional Psychology Wellbeing*, Hg. von Walsh, R.

8 Bandura, A. «Self Efficacy: Toward a Unifying Theory of Behavioral Change», *Psychological Review* 84 (1977): 191–215.

9 Levy, J. «Transpersonal Psychology and Jungian Psychology», *Journal of Humanistic Psychology* 23 (1983): 42–51.

10 Walsh, R. und Vaughan, F. «Towards an Integrative Psychology of Wellbeing» in *Beyond Health and Normality*.

11 Rotter, J. B. «Interpersonal Trust, Trustworthiness and Gullibility», *American Psychologist* 35 (1980): 1–7.

12 Harvard Nuclear Study Group, *Living With Nuclear Weapons*, New York 1982.

13 Frank, J. *Sanity and Survival in the Nuclear Age: Psychological Aspects of War and Peace*, 2. Aufl., New York 1982, 191, 194.

14 Willens, H. *The Trimtab Factor: How Business Executives Can Help Solve the Nuclear Weapons Crisis*, New York 1983, 34.
15 Frank, J. *Sanity and Survival*, 282.
16 Satprim, *Sri Aurobindo or the Adventure of Consciousness*, 84.
17 Maslow, A. *Toward a Psychology of Being*.
18 Toynbee, A. *A Study of History*.

Kapitel 12

1 Schumacher, E. *Small Is Beautiful; Economics as if People Mattered*, New York 1973.
2 Henderson, H. *The Politics of the Solar Age*, Garden City N. Y. 1981.
3 Ibid.
4 Elgin, D. «The Tao of Personal and Social Transformation», in *Beyond Ego: Transpersonal Dimensions in Psychology*, Hg. von Walsh, R. und Vaughan, F. Los Angeles 1980, 251–252.
5 Yalom, I. *Existential Psychotherapy*, New York 1980.
6 Marcuse, H. *An Essay on Liberation*, Boston 1969.
7 Gregg, R. zitiert in Elgin, «The Tao of Personal», 252.
8 Elgin, D. 252.
9 Longchenpa, *Kindly Bent to Ease Us, Part I: Mind*, Emeryville 1975, 143.
10 Elgin, D. «The Tao of Personal and Social Transformation» und Elgin, D. *Voluntary Simplicity*, New York 1981.
11 Evans-Wentz, W. *Tibetian Yoga and Secret Doctrines*, London 1935, 80.
12 Azrin, N., Naster, B. und Jones, R. «Reciprocity Counseling: A Rapid Learning-based Procedure for Marital Counseling», *Behavior Research and Therapy* 11 (1973): 365–382.
13 Elgin, D. *The «Communication Rights» Movement: A New Response to National and Global Challenges*, Menlo Park 1983; Singer, D. «A Time to Reexamine the Role of Television in Our Lives», *American Psychologist* 38 (1983): 815–816; Singer, J. und Singer, D. «Psychologists Look at Television: Cognitive, Developmental, Personality and Social Policy Implications», *American Psychologist* 38 (1983): 826–834.
14 Elgin, D. *The «Communication Rights» Movement*.

Kapitel 13

1 Osgood, C. *An Alternative to War or Surrender*, Urbana 1962.
2 Frank, J. *Sanity and Survival in the Nuclear Age: Psychological Aspects of War and Peace*, 2. Aufl. New York 1982, 146.
3 Goldstein, J. *The Experience of Insight*, Boulder 1983. Walsh, R. «The Ten Perfections: Qualities of the Fully Enlightened Individual as Described in the Buddhist Psychology» in *Beyond Health and Normality-Explorations of Exceptional Psychological Wellbeing*, Hg. von Walsh, R. und Shapiro, D. H. New York 1983, 218–227.
4 Goldstein, J. *The Experience of Insight*.
5 Ibid.

Kapitel 14

1 Maslow, A. H. *Toward a Psychology of Being*, 2. Aufl., Princeton 1968.
  Maslow, A. H. *The Farther Reaches of Human Nature*, New York 1971.
2 Byrom, T. *The Dhammapada: The Sayings of the Buddha*, New York 1976, 14.
3 Bynner, W. *The Way of Life According to Lao Tzu*, New York 1944, 65.
4 White, R. «Emphathizing with the Rulers of the USSR», *Political Psychology* 4 (1983): 121–137.

Kapitel 15

1 Frank, J. *Sanity and Survival in the Nuclear Age: Psychological Aspects of War and Peace*, 2. Aufl., New York 1982, 224.
2 Sherif, M. et al. *Intergroup Conflict and Cooperation: The Robbers' Cave Experiment*, Norman 1961.
3 Fromm, E. *The Art of Loving* (Die Kunst des Liebens).
4 Hume, R. *The Thirteen Principal Upanishads*, London 1974.
5 Bundy, W. «On Power: Elements of Power», *Foreign Affairs* 56 (1977): 26.
6 Goldstein, J. *The Experience of Insight*, Boulder 1983, 126.

Kapitel 16

1 Adams, R. und Cullen, S. (Hg.) *The Final Epidemic: Physicians and Scientist on Nuclear War*, Chicago 1981 und American Psychiatric Association, *Psychosocial Aspects of Nuclear Developments*, Washington 1982.
2 American Psychiatric Association, *Psychosocial Aspects*.
3 Lifton, R. *Death in Life: Survivors of Hiroshima*, New York 1967.
4 Frankl, V. *Man's Search for Meaning*, New York 1963; und Solzhenitsyn, A. *The Gulag Archipelago II*. New York 1975.
5 May, R. *The Discovery of Being: Writings in Existential Psychology*, New York 1983; Walsh, R. und Shapiro, D. H. (Hg.) *Beyond Health and Normality: Explorations of Exceptional Psychological Wellbeing*, New York 1983; Walsh, R. und Vaughan, F. (Hg.) *Beyond Ego: Transpersonal Dimensions in Psychology*, Los Angeles 1980; Yalom, I. *Existential Psychotherapy*, New York 1980.
6 Bugental, J. *Psychotherapy and Process*, New York 1978; Bugental, J. *The Search for Authenticity*, 2. Aufl., New York 1981; Goldstein, J. *The Experience of Insight*, Boulder 1983.
7 Perls, F. *Gestalt Therpay Verbatim*, Lafayette 1969, 16.
8 Ansbacher, H. «Alfred Adler» in *Comprehensive Textbook of Psychiatry*, Hg. Kaplan, H., Freedman, A. und Sadock, B., 3. Aufl. Baltimore 1980, 729–740; Heath, D. «The Maturing Person» in *Beyond Health and Normality*; Maslow, A. H. *Toward a Psychology of Being*, 2. Aufl., Princeton 1968; Maslow, A. H. *The Farther Reaches of Human Nature*, New York 1971; Walsh, R. «The Ten Perfections: Qualities of the Fully Enlightened Individual as Described in Buddhist Psychology» in *Beyond Health and Normality*; Waterman, A. «Individualism and Interdependence», *American Psychologist* 36 (1981): 762–773.

9 Frank, J. *Sanity and Survival in the Nuclear Age: Psychological Aspects of War and Peace*, 2. Aufl., New York 1982, 9.
10 Nisargadatta, *I Am That*, 2. Aufl., Bd. 1 + 2, Bombay 1976.
11 Levinson, D. J. *The Seasons of a Man's Life*, New York 1978, 242.
12 Wilber, K. *The Spectrum of Consciousness*, Wheaton 1977.

Kapitel 17

1 Wilber, K. *Up from Eden*, New York 1981.
2 Aurobindo, A. *The Future Evolution of Man*, All India Press 1963, 27.
3 McWaters, B. *Conscious Evolution: Personal and Planetary Transformation*, San Francisco 1981.
4 Elgin, D. «The Tao of Personal and Social Transformation» in *Beyond Ego: Transpersonal Dimensions in Psychology*, Hg. Walsh, R. und Vaughan, F., Los Angeles 1980, 253.
5 Rogers, C. «A Theory of Therapy, Personality and Interpersonal Relationships as Developed in the Client-centered Framework» in *Psychology: The Study of a Science: Formulations of the Person and the Social Context* (Vol. 3), Hg. Koch, S., New York 1959, 184–256.
6 Maslow, A. H. *The Farther Reaches of Human Nature*, New York 1971, 316–317.
7 Yalom, I. *Existential Psychotherapy*, New York 1980.
8 Taylor, S. «Adjustment to Threatening Events: A Theory of Cognitive Events», *American Psychologist* 38 (1983): 1161–1173.
9 Allport, G. W. «The Fruits of Eclecticism: Bitter or Sweet», *Acta Psychologica* 23 (1964): 27–44.
10 Mumford, L. *The Transformations of Man*, New York 1956.
11 Huxley, A. *The Perennial Philosophy*, New York 1944; Smith, H. *Forgotten Truth*, New York 1976; Wilber, K. *Up from Eden*, New York 1981; Wilber, K. *A Sociable God: A Brief Introduction to a Transcendental Sociology*, New York 1983.
12 Walsh, R. *The Universe Within Us*; Wilber, K. *The Spectrum of Consciousness*, Wheaton 1977; Wilber, K. *The Atman Project*, Wheaton 1980; Wilber, K. *A Sociable God*.
13 Kapleau, P. *The Three Pillars of Zen*, Boston 1965, 143.
14 Harman, W. «An Evolving Society to Fit an Evolving Consciousness», *Integral View* 1 (1979): 14.
15 Wilber, K. *Up from Eden*; Wilber, K. *Quantum Questions: The Mystical Writings of the Worlds Great Physicists*, Boulder 1984.
16 James, W. *William James on Psychical Research*, Hg. von Murphy, G. und Ballou, R., New York 1960, 324.
17 Wilber, K. *Up from Eden*.
18 Elgin, D. «The Tao of Personal and Social Transformation», 255.

Kapitel 18

1 Elgin, D. *Voluntary Simplicity*, New York 1981, 176.
2 May, R. *Man's Search for Himself*, New York 1953, 79.

3 Byrom, T. *The Dhammapada: The Sayings of the Buddha*, New York 1976.
4 Schumacher, E. F. *A Guide for the Perplexed*, New York 1977.
5 Toynbee, A. *A Study of History*, New York 1934.
6 Campbell, J. *The Hero With a Thousand Faces*, Princeton 1972, 17.
7 Walsh, R. und Shapiro, D. H. (Hg.) *Beyond Health and Normality: Explorations of Exceptional Wellbeing, New York 1983*.
8 DeRopp, R. S. *The Master Game*, New York 1968, 11.

Literaturverzeichnis

Adams, R., and Cullen, S., (Hg.) *The Final Epidemic: Physicians and Scientists on Nuclear War*. Chicago 1981.

Allport, G. W. «The Fruits of Eclecticism: Bitter or Sweet.» *Acta Psychologica*, 23 (1964): 27–44.

American Psychiatric Association, *Psychosocial Aspects of Nuclear Developments*, Washington, D. C.: American Psychiatric Association, 1982.

American Psychological Association. *The Monitor* 14 (1983): 8.

Anonymous. *A Course in Miracles* (text). Tiburon, Calif.: Foundation for Inner Peace, 1975a.

Anonymous. *A Course in Miracles* (workbook). Tiburon, Calif.: Foundation for Inner Peace, 1975b.

Ansbacher, H. «Alfred Adler.» In *Comprehensive Textbook of Psychiatry*, Hg. von H. Kaplan, A. Freedman, and B. Sadock, 3rd ed. Baltimore 1980, 729–740.

Assagioli, R. *Handbuch der Psychosynthesis*, Freiburg 1978.

Aurobindo, A. *The Future Evolution of Man*, India 1963.

Ayres, R. *Banking on the Poor: The World Bank and World Poverty*, Cambridge, Mass.: 1983.

Azrin, N.; Naster B.; and Jones, R. «Reciprocity Counseling: A Rapid Learningbased Procedure for Marital Counseling.» *Behavior Research and Therapy* 11 (1973): 365–382.

Bandura, A. *The Principles of Behavior Modification*, New York: 1969.

Bandura, A. «Self Efficacy: Toward a Unifying Theory of Behavioral Change.» *Psychological Review* 84 (1977): 191–215.

Barasch, D., and Lipton, J. *Stop Nuclear War: A Handbook*, New York 1982.

Barnet, R. «Fantasy, Reality, and the Arms Race: Dilemmas of National Security and Human Survival.» *American Journal of Orthopsychiatry* 52 (1983): 582– 589.

Bateson, G. *Geist und Natur. Eine notwendige Einheit*, Frankfurt 1982.

Becker, E. *The Denial of Death*, New York 1973.

Bereanu, B. «Self Activation of the World Nuclear Weapons System.» *Journal of Peace Research* 20 (1983): 49–57.

Bohm, D. *Quantum Theory*, Englewood Cliffs, N. J. 1951.

Boyle, R. H., and Boyle, R. A. *Acid Rain*, New York 1983.

Bracken, P. *The Command and Control of Nuclear Forces*. New Haven 1983.

Brandt, W. *North South: A Program for Survival*, Cambridge, Mass. 1980.

Brown, D. «A Model for the Levels of Concentrative Meditation.» *International Journal of Clinical and Experimental Hypnosis* 25 (1977): 236–273.

Brown, D., and Engler, J. «The Stages of Mindfulness Meditation: A Validation Study.» *Journal of Transpersonal Psychology* 12 (1980): 143–192.

Brown, L. *Building a Sustainable Society*, New York 1981.

Brown, L. *State of the World*, New York 1984.

Bugental, J. *Psychotherapy and Process*, New York 1978.

Bugental, J. *The Search for Authenticity*, 2nd ed. New York 1981.

Bundy, W. «On Power: Elements of Power.» *Foreign Affairs* 56 (1977): 1–26.

Bynner, W., trans. *The Way of Life According to Lao Tzu*, New York 1944.

Byrom, T. *Das Dhammapada. Die Worte des Buddha*, Berlin 1984.

Caldicott, H. *Nuclear Madness: What You Can Do*, Brookline, Mass. 1978.

Campbell, J. *Der Heros in tausend Gestalten*, Frankfurt 1978.

Capra, F. *Wendezeit*. Bausteine für ein neues Weltbild, Bern, München 1983.

Carter, L. «WIPP Goes Ahead, Amid Controversy.» *Science* 222 (1983): 1102–1104.

Chivian, E., et. al., eds. *Last Aid: The Medical Dimension of Nuclear War*, San Francisco 1982.

Confucius. *Confucian Analects. The Great Learning, and the Doctrine of the Mean*, Edited by J. Legge. New York 1971.

Conze, E. *Buddhist Meditation*, New York 1975.

Council on Environmental Quality. *The Global 2000 Report to the President*. Washington, D. C.: U. S. Government Printing Office, 1979.

Dammann, E. *The Future in Our Hands*, New York 1979.

David-Neel, A. *Buddhism*. New York 1939.

Davidson, W. «Psychiatry and Foreign Affairs.» *Psychiatric Annals* 13 (1983): 124–133.

Deikman, A. *The Observing Self: Mysticism and Psychiatry*, Boston 1982.

DeRopp, R. S. *The Master Game*, New York 1968.

Deutch, M. «The Prevention of World War III: A Psychological Perspectiv»e. *Political Psychology* 4 (1983): 3–31.

Ehrlich, P.; Harte, J.; and Harwell, M. «Long-Term Biological Consequences of Nuclear War.» *Science* 222 (1983): 1293–1300.

Elgin, D. «The Tao of Personal and Social Transformation. In *Beyond Ego: Transpersonal Dimensions in Psychology*. Edited by R. Walsh and F. Vaughan. Los Angeles: 1980, 248–256.

Elgin, D. *Voluntary Simplicity*. New York 1981.

Elgin, D. *The «Communication Rights» Movement: A New Response to National and Global Challenges*. Menlo Park, Calif.: Choosing Our Future, 1983.

Ellis, A. «Rational-Emotive Therapy.» In *Current Psychotherapies*. Hg. von R. Corsini. Itasca, Ill. 1979, 185–229.

Eriksen, E. «A Developmental Crisis of Mankind.» Talk presented at Physicians for Social Responsibility Meeting, *Prescription for Prevention: Nuclear War – Our Greatest Health Hazard*. Stanford University, October 1983.

Evans-Wentz, W. *Tibetan Yoga and Secret Doctrines*. London 1935.

Ferguson, M. *Die Sanfte Verschwörung*. Basel 1983/München 1984.

Frank, J. *Sanity and Survival in the Nuclear Age: Psychological Aspects of War and Peace*, 2. Aufl. New York 1982.

Frankl, V. *Man's Search for Meaning*, New York 1963.

Freedman, A. «Opiate Dependence.» In *Comprehensive Textbook of Psychiatry*, 3rd ed. vol. 2. Edited by H. Kaplan, A. Freedman, and B. Sadock. Baltimore 1980, 1591–1614.

Fromm, E. *Die Kunst des Liebens*, Berlin 1980.

Fromm, E. «Erich Fromm's Last Interview.» *Psychiatric News* 15 (1980): 20.

Fromm, E.; Suzuki, D. T.; and DeMartino, R. *Zen Buddhismus und Psychoanalyse*, Frankfurt 1976.

Fulbright, W. Preface to *Sanity and Survival in the Nuclear Age*, by J. Frank. New York 1982, vii-x.

Fuller, B. *Critical Path*, New York 1981.

Galbraith, J. *The Anatomy of Power*, Boston 1983.

Garwin, R., Gottfried, K., and Hafner, D. «Antisatellite Weapons,» *Scientific American* 250 (1984): 45–55.

Globus, A., and Globus, G. «The Man of Knowledge.» In *Beyond Health and Normality: Explorations of Exceptional Psychological Wellbeing*. Edited by R. Walsh and D. H. Shapiro. New York 1983, 294–318.

Goldstein, J. *The Experience of Insight*. Boulder. Colo. 1983.

Goleman, D. *The Varieties of Meditative Experience*. New York 1977. Harman, W. «Old Wine in New Wineskins.» In *Challenges of Humanistic Psychology*. Edited by J. Bugental. New York 1962.

Harmann, W. «An Evolving Society to Fit an Evolving Consciousness.» *Integral View* 1 (1979): 14.

Harvard Nuclear Study Group. *Living With Nuclear Weapons*, New York 1982.

Health, D. «The Maturing Person.» In *Beyond Health and Normality: Explorations of Exceptional Psychological Wellbeing*. Edited by R. Walsh and D. H. Shapiro. New York 1983, 152–205.

Henderson, H. *The Politics of the Solar Age*. Garden City, New York 1981.

Hersch, S. *The Price of Power*, New York 1983.

Hume, R. *The Thirteen Principal Upanishads*, London 1974.

Huxley, A. *The Perennial Philosophy*, New York 1944.

Huxley, A. *Eiland*, München 1985.

James, W. *William James on Psychical Research*. Edited by G. Murphy and R. Ballou. New York 1960.

Jantsch, E., and Waddington, C., eds. *Evolution and Consciousness: Human Systems in Transition*, Reading, Mass. 1976.

Jervis, R. *Perception und Misperception in Foreign Affairs*, Princeton 1976.

Kahn, H., and Simon, J. *Global 2000 Revised*. In Vorbereitung.

Kapleau, P. *Die drei Pfeiler des Zen. Lehre–Übung–Erleuchtung*, Bern, München 1979.

Kelly, G. *The Psychology of Personal Constructs*. 2 vols. New York 1955.

Kerr, R. «The Carbon Cycle and Climate Warming.» *Science* 222 (1983): 1107–1108.
    Langer, E. «Playing the Middle Against Both Ends: The Usefulness of Adult Cognitive Activity as a Model for Cognitive Activity in Childhood and Old Age.» In *The Development of Reflection*, Edited by S. Yussen. New York 1982.

Langer, E. *The Psychology of Control*, Beverly Hills, Calif. 1983.

Langer, E.; Blank, A.; and Benzion, C. «The Mindfulness of Ostensibly Thoughtful Action: The Role of ‹Placebic› Information on Interpersonal Interaction.» *Journal of Personality and Social Research* 36 (1978): 635–642.

Laughlin, H. *The Ego and Its Defenses*. New York 1970.

Leaning, J., and Keyes, L., eds. *The Counterfeit Ark*, Cambridge, Mass. 1983.

Levinson, D. J. *The Seasons of a Man's Life*, New York 1978.

Levy, J. «Transpersonal Psychology and Jungian Psychology.» *Journal of Humanistic Psychology* 23 (1983): 42–51.

Lewis, K. «The Prompt and Delayed Effects of Nuclear War.» *Scientific American* 241 (1978): 35–47.

Lifton, R. *Death in Life: Survivors of Hiroshima*, New York 1967.

Lifton, R. «In a Dark Time.» In *The Final Epidemic: Physicians and Scientists on Nuclear War*, Edited by R. Adams and S. Cullen. Chicago: Educational Foundation for Nuclear Science, 1981, 7–20.

Lifton, R., and Falk, R. *Indefensible Weapons: The Political and Psychological Case Against Nuclearism*, New York 1982.

Loevinger, J. and Knoll, E. «Personality: Stages, Traits, and the Self.» *American Psychological Review* 34 (1983): 195–222.

Longchenpa. *Kindly Bent to Ease Us, Part I: Mind*, Emeryville, Calif. 1975.

Loup, J. *Can the Third World Survive?*, Baltimore 1983.

Macy, J. *Despair and Personal Power in the Nuclear Age*. Philadelphia 1983.

Marcuse, H. *Versuch über die Befreiung*, Frankfurt 1973.

Markley, O. «Human Consciousness in Transformation.» In *Evolution and Consciousness: Human Systems in Transition*, Edited by E. Jantsch and C. Waddington. Reading, Mass. 1976, 214–229.

Markley, O., and Harman, W., eds. *Changing Images of Man*, New York 1982.

Maslow, A. H. *Toward a Psychology of Being*, 2nd ed. Princeton 1968.

Maslow, A. H. *The Farther Reaches of Human Nature*, New York 1971.

May, R. *Man's Search for Himself*, New York 1953.

May, R. *The Discovery of Being: Writings in Existential Psychology*, New York 1983.

McNamara, R. Address to the Board of Governors of the World Bank. Belgrade, 2 October 1979.

McWaters, B. *Conscious Evolution: Personal and Planetary Transformation*, San Francisco: Institute for the Study of Conscious Evolution, 1981.

Meichenbaum, D. *Kognitive Verhaltensmodifikation*, Wien 1979.

Merton, R. *Social Theory and Social Structure*, Glencoe, Ill. 1957.

Mische, P. *State of the World: A Global Agenda*. Los Angeles 1981.

Mumford, L. *Hoffnung oder Barbarei. Die Verwandlung des Menschen*, Frankfurt 1981. National Academy of Sciences. *Resources and Man*, San Francisco 1969.

National Acedemy of Sciences. *Long-Term Worldwide Effects of Multiple Nuclear-Weapons Detonations*, Washington, D. C. 1975.

National Acedemy of Sciences. *Report of the Carbon Dioxide Assessment Committee*, Washington, D. C. 1983.
Nisargadatta. *Ich bin. Gespräche mit einem Weisen*, Berlin 1980.

Onosko, T. «Showdown on the High Frontier.» *Omni* 6:2 (1983): 73–80.
Osgood, C. *An Alternative to War or Surrender*, Urbana 1962.

Paine, C. «The Aftermath of Nuclear War.» *Science* 220 (1983): 812–814.
Pearl, D.; Bouthilet, L.; and Lazar, J., eds. *Television and Behavior: Ten Years of Scientific Progress and Implications for the Eighties*, vols. 1 & 2. Washington, D. C.: U. S. Government Printing Office, 1982.
Perls, F. *Gestalt-Therapie in Aktion*, Stuttgart 1979.
Peterson, J., and Hinrichsen, D., eds. *Nuclear War: The Aftermath*, New York 1982.
Ponnamperuma, «First Word.» *Omni* 5:9 (1983): 6.
Population Reference Buerau. *Annual Report*, Washington, D. C. 1983.
Presidential Commission on World Hunger. *Preliminary Report of the Presidential Commission on World Hunger*, Washington, D. C. 1979.
Pressler, L. «First Word.» *Omni* 6:2 (1983): 6.

Rank, O. *Beyond Psychology*, New York 1958.
Reich, C. *The Greening of America*, New York 1970.
Rogers, C. «A Theory of Therapy, Personality, and Interpersonal Relationships as Developed in the Client-Centered Framework.» In *Psychology: The Study of a Science, Vol. 3: Formulations of the Person and the Social Context*, Edited by S. Koch. New York 1959, 184–256.
Rotter, J. B. «Interpersonal Trust, Trustworthiness, and Gullibility.» (*American Psychologist* 35 (1980): 1–7.
Rubinstein, E. «Television and Behavior: Research Conclusions of the 1982 NIMH Report and Their Policy Implications.» *American Psychologist* 38 (1983): 820–825.

Satprem. *Sri Aurobindo, or the Adventure of Consciousness*, New York 1968.
Scheer, R. *With Enough Shovels: Reagan, Bush, and Nuclear Wars*, New York 1983.
Schell, J. *Das Schicksal der Erde. Gefahr und Folgen eines Atomkriegs*, München 1984.
Schell, J. «The Abolition: Defining the Great Predicament.» *The New Yorker*, January 1984: 36–75.
Schumacher, E. *Die Rückkehr zum menschlichen Mass*. Reinbek 1977.
Schumacher, E. F. *A Guide for the Perplexed*, New York 1977.
Seidel, S., and Keyes, D. *Can We Delay a Greenhouse Warming?*, Washington, D. C. 1983.
Sengstan. *Verses on the Faith Mind*, Translated by R. Clarke. Sharon Springs, N. Y. 1976.
Shapiro, D. H. *Meditation: Self Regulation Strategy and Altered State of Consciousness*, New York 1980.
Sherif, M., et al. *Intergroup Conflict and Cooperation: The Robbers' Cave Experiment*, Norman 1961.
Singer, D. «A Time to Reexamine the Role of Television in our Lives.» *American Psychologist* 38 (1983): 815–816.
Singer, J., and Singer, D. «Psychologists Look at Television: Cognitive, Developmental, Personality, and Social Policy Implications.» *American Psychologist* 38 (1983): 826–834.
Sivard, R. *Welt-Militär und Sozialausgaben*, UNO Verlag 1982.
Smith, H. *Forgotten Truth*. New York 1976.
Solzhenitsyn, A. *Archipel Gulag II.*, Bern, München 1974.
Steinbruner, J. «Launch Under Attack.» *Scientific American* 250 (1984): 37–47.

Tart, C. *States of Consciousness*, New York 1975.

Tart, C. *Transpersonale Psychologie,* Olten, Freiburg 1978.

Taylor, S. «Adjustment to Threatening Events: A Theory of Cognitive Events.» *American Psychologist* 38 (1983): 1161–1173.

Time Magazine. January 2, 1984.

Toynbee, A. *A Study of History*, New York 1934.

Turco, R., et al. «Nuclear Winter: Global Consequences of Multiple Nuclear Explosions.» *Science,* 222 (1983): 1283–1292.

Union of Concerned Scientists. «Reagan's Star Wars.» *New York Review of Books,* April 26, 1984: 47–52.

Van Atta, L. «Arms Control: Human Control.» *American Psychologist* 18 (1963): 39.

Walsh, R. «The Consciousness Disciplines and the Behavioral Sciences: Questions of Comparison and Assessment.» *American Journal of Psychiatry* 137 (1980): 663–673.

Walsh, R. «The Ten Perfections: Qualities of the Fully Enlightened Individual as Described in Buddhist Psychology.» In *Beyond Health and Normality: Explorations of Exceptional Psychological Wellbeing.* Edited by R. Walsh and D. H. Shapiro. New York 1983, 218–227.

Walsh, R. «Journey Beyond Belief.» *Journal of Humanistic Psychology,* 24 (1984): 30–65.

Walsh, R. *The Universe Within Us*, Forthcoming.

Walsh, R., and Shapiro, D. H., eds. *Beyond Health and Normality: Explorations of Exceptional Psychological Wellbeing.* New York 1983.

Walsh, R., and Vaughan, F., eds. *Beyond Ego: Transpersonal Dimensions in Psychology*, Los Angeles 1980.

Walsh, R., and Vaughan, F. «Towards an Integrative Psychology of Wellbeing.» In *Beyond Health and Normality: Explorations of Exceptional Psychological Wellbeing,* Edited by R. Walsh and D. H. Shapiro. New York 1983, 388–431.

Waterman, A. «Individualism and Interdependence.» *American Psychologist* 36 (1981): 762–773.

Wedge, B. «Peacemaking.» *Psychiatric Annals* 13 (1983): 135–144.

White, R. «Empathizing with the Rulers fo the USSR.» *Political Psychology* 4 (1983): 121–137.

Wilber, K. *The Spectrum of Consciousness*, Wheaton, Ill. 1977.

Wilber, K. *No Boundary*, Los Angeles 1979.

Wilber, K. *The Atman Project*, Wheaton, Ill. 1980.

Wilber, K. *Halbzeit der Evolution*, Bern München 1984.

Wilber, K. *A Sociable God: A Brief Introduction to a Transcendental Sociology,* New York 1983 a.

Wilber, K. *Eye to Eye: The Quest for the New Paradigm.* Garden City, N. Y. 1983 b.

Wilber, K., ed. *Quantum Questions: The Mystical Writings of the World's Great Physicists*, Boulder, Colo. 1984.

Willens, H. *The Trimtab Factor: How Business Executives Can Help Solve the Nuclear Weapons Crisis*, New York 1983.

Woodwell, G., et al. «Global Deforestation: Contribution to Atmospheric Carbon Dioxide.» *Science* 222 (1983): 1081–1086.

World Bank. *World Development Report*, Washington, D. C. 1979.

Yalom, I. *Existential Psychotherapy.* New York 1980.

Aeppli, Ernst
Der Traum und seine Deutung
Der Psychoanalytiker Ernst Aeppli schrieb dieses Traumbuch im Geiste des großen Seelenforschers C. G. Jung. Er wendet sich an alle, die wirklich Zugang zu ihren Träumen und somit zu ihrem Unbewußten suchen.
416 S. [4116]

Garfield, Patricia
Kreativ träumen
Die Autorin erläutert ausführlich und leicht verständlich jene Techniken, mit Hilfe derer jedermann innerhalb kurzer Zeit entscheidenden Einfluß auf seine Träume nehmen kann. 288 S. [4151]

Faraday, Ann
Die positive Kraft der Träume
Die Psychologin und Traumforscherin Ann Faraday hat eine Methode entwickelt, die jedem die Möglichkeit gibt, die individuelle Symbolik seiner eigenen Träume zu entschlüsseln. 267 S. [4119]

Schwarz, Hildegard
Aus Träumen lernen
Mit Träumen leben
Dieses Traumseminar geleitet uns über einen Zeitraum von acht Abenden in die Welt der Träume. Wir lernen zu verstehen, warum es wichtig sein kann, sich an Träume zu erinnern und was sie uns sagen wollen. Ein Symbolregister ermöglicht es, diese tiefgehende Einführung auch als Nachschlagewerk zu benützen. 208 S. [4170]

Hagl, Siegfried
Die Apokalypse als Hoffnung
Die Zukunft unseres Planeten im Licht von Ökologie und Prophezeiung.
432 S. [4118]
Dieser Band enthält zwei Originalausgaben: »Bayerische Hellseher« und »Das dritte Weltgeschehen«.

Ferguson, Marilyn
Die sanfte Verschwörung
Persönliche und gesellschaftliche Transformation im Zeitalter des Wassermanns.
Mit einem Vorwort von Fritjof Capra.
»Eine Fülle großartiger Ideen.«
528 S. [4123]   (Washington Post)

Nakamura, Takashi
Das große Buch vom richtigen Atmen
Mit Übungsanleitungen zur Entspannung und Selbstheilung für jedermann mit altbewährten Methoden der fernöstlichen Atemtherapie. Anhand des Fotomaterials sind die Übungen sehr gut nachvollziehbar. Die Atemschulung wird ergänzt durch Körper- und Massageübungen.
224 S., 120 s/w-Abb. [4156]

Hayward, Jeremy W.
Der Zauber der Alltagswelt
Ein tieferes Verständnis der Wirklichkeit durch Wissenschaft und intuitive Weisheit. Eine einzigartige Synthese aus buddhistischer Spiritualität und westlicher Wissenschaft. 480 S. [4157]

Timms, Moira
Zeiger der Apokalypse
Harmageddon und neues Zeitalter. Aufgrund analytischer Betrachtungen kommt das Buch zu dem Schluß, daß uns schwere Zeiten bevorstehen. Gleichzeitig wird aber auch auf die großen Chancen hingewiesen, die diese Zeitwende und Phase des Übergangs mit sich bringt. 288 S. mit 24 Zeichnungen und s/w-Fotos. [4108]

Hoffman, Kaye
Tanz, Trance, Transformation
Dieses Buch zeigt die andere, die vergessene Seite des Tanzes – seinen transzendentalen Aspekt. Die Übungen berücksichtigen östliche Philosophien und westliche körperorientierte Therapien. 400 S. [4141]

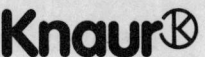
Boyd, Doug
Swami Rama

Erfahrungen mit den heiligen Männern Indiens

Doug Boyd stellt hier das östliche Pendent vor. Swami Rama, in Indien aufgewachsen, ist eine Persönlichkeit, für die Wunder alltäglich sind. In den USA experimentiert er mit quantitativen Untersuchungsmethoden über höhere Bewußtseinszustände. 320 S. [4140]

Rolling Thunder

Erfahrungen mit einem Schamanen der neuen Indianerbewegung. Rolling Thunder ist einer der wenigen, die noch über das traditionelle schamanistische Wissen verfügen und es auch vermitteln können. Seine Unterweisungen wurden von Doug Boyd aufgezeichnet und berücksichtigen unsere Verständnisebene. 288 S. [4142]

Dowman, Keith
Der heilige Narr

Das liederliche Leben und die lästerlichen Gesänge des tantrischen Meisters Drugpa Künleg. 224 S. mit 1 Karte [4122]

Der Eingeweihte

Eindrücke von einer großen Seele.

Der Autor berichtet von einem »Eingeweihten«, der sein Leben entscheidend beeinflußte, ohne aber jemals seine Entscheidungsfreiheit einzuschränken. 256 S. [4133]

Der Eingeweihte Band 2

Eindrücke von einer großen Seele/ von seinem Schüler

Der zweite und abschließende Band des »Eingeweihten« umfaßt die Bände II und III der englischen Originalausgabe. 352 S. [4163]

Sugrue, Thomas
Edgar Cayce

Die Geschichte eines schicksalhaften Lebens. Diese einzige autorisierte Cayce-Biographie fand bei der Kritik große Beachtung. 448 S. [4107]

Monroe, Robert A.
Der Mann mit den zwei Leben

Reisen außerhalb des Körpers

Dieser sensationelle Bericht beruht auf 12jähriger Beobachtungszeit, in der der Autor über 500mal seinen Körper verließ. Monroe lernte diesen Zustand zu beherrschen, und tritt damit den Beweis an, daß der Mensch nicht nur einen physischen Körper besitzt, sondern sich unter besonderen Umständen und unter Anwendung gezielter Techniken sogar von diesem trennen kann. 288 S. [4150]

Stearn, Jess
Der schlafende Prophet

Prophzeiungen in Trance (1911–1998). Der sensationelle Tatsachenbericht über das Leben, Denken und Forschen des bedeutendsten Mystikers und Propheten der Gegenwart. 304 S. [4124]

Wilson, Colin
Gurdjieff – Der Kampf gegen den Schlaf

Georg Iwanowitsch Gurdjieff (1865–1949) ist eine der geheimnisumwittertsten Persönlichkeiten des Jahrhunderts. Colin Wilson ist seiner Philosophie und seinem Einfluß auf andere Menschen nachgegangen. Sein Buch ist eine brillante Einführung in Leben und Werk dieses Psychologen-Magiers des 20. Jahrhunderts. 176 S. [4162]

Nach dem Tode

Aussagen, Zeugnisse, Beweise

Colin Wilson gelingt es, den Leser von der ersten bis zur letzten Zeile zu fesseln. In seiner Beweisführung für ein Leben nach dem Tode baut er zahlreiche, bislang kaum bekannte Dokumente ein, die uns vertraut machen mit möglichen jenseitigen Realitäten und uns so die Angst vor dem Tode nehmen. 384 S. [4167]

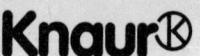

Band 4118
432 Seiten
ISBN 3-426-04118-9

Seen versauern. Viele unserer Flüsse dienen nur noch dem Abtransport von Schadstoffen. Die Luft versorgt uns vielerorts nicht mehr mit Lebensenergie, und infolgedessen sterben Babys. Circa 50% des deutschen Waldbestandes sind erkrankt. Sogar der Boden beginnt zu sterben.
Alles spricht dafür, daß die Trägheit der Masse eine adäquate Reaktion auf diese Herausforderung vereitelt. Wie Lemminge marschieren wir offenen Auges in eine Katastrophe, die diesen Planeten für nicht absehbare Zeit unbewohnbar macht. Wenn nicht, ja wenn nicht apokalyptisches Geschehen diese Entwicklung beendet. Dies kann man als furchtbares Unglück betrachten oder als notwendige, vom Menschen selbst zu verantwortende Reinigung.